Paroles de Vie
pour la santé de l'âme et du corps

La Parole éternelle,

le Dieu unique, l'Esprit libre,

parle à travers Gabriele,

comme à travers tous les prophètes de Dieu –

Abraham, Job, Moïse, Élie, Isaïe,

Jésus de Nazareth,

le Christ de Dieu

Paroles de Vie

pour la santé
de l'âme et du corps

Ce livre est basé sur la révélation
du Christ de Dieu
« Causes et genèse de toutes les maladies »
donnée à travers la prophétesse et
messagère de Dieu, Gabriele,
en 1986

Editions Gabriele
La Parole

1ère édition en français : novembre 2022

© Gabriele-Verlag Das Wort GmbH
Max-Braun-Str. 2, 97828 Marktheidenfeld, Allemagne
www.gabriele-verlag.com • www.editions-gabriele.com

Titre original en allemand :
Worte des Lebens
für die Gesundheit von Seele und Körper

Pour toute question se rapportant au sens,
l'édition allemande fait autorité.

N° de comm. : S117TBFRPOD • N° ISBN : 978-3-96446-363-0

Préambule

*Ce n'est pas la lecture de ce texte
qui conduit au salut,
mais la mise en pratique du contenu
des prises de conscience qui en découlent.*

*Ce n'est pas le moi de l'être humain
qui apporte la guérison,
mais le Je Suis, l'Esprit du Christ.*

*Ce n'est pas l'égoïsme qui nous rend libres,
mais l'amour désintéressé pour Dieu,
pour tous nos prochains et pour toutes
les formes de vie.*

*La santé, le bonheur et la liberté
sont en nous-mêmes.*

*Cette révélation du Seigneur
nous montre le chemin pour y parvenir.*

Dieu aide, soulage et guérit.

Gabriele

Table des matières

À propos de cette édition
(la onzième en allemand)

Le Christ, le Seigneur, le Rédempteur de l'humanité, a donné cette révélation fondamentale à travers Gabriele, la prophétesse de Dieu, en cette gigantesque période de changement d'ère dans laquelle nous nous trouvons, et plus précisément en 1986, c'est-à-dire à une époque où la nature sur cette Terre était encore suffisamment saine pour que des indications puissent être données concernant les effets bénéfiques des remèdes naturels, de l'eau et de la lumière du soleil pour la santé.

Dans de nombreuses révélations, dont certaines ont été données à l'humanité il y a plus de quarante ans – et aussi tout particulièrement dans la présente révélation « Causes et genèse de toutes les maladies » –, l'Esprit du Christ de Dieu a toujours mis en garde avec insistance contre les dangers qui menaçaient le monde si l'humanité ne rebroussait pas chemin. Si les êtres humains avaient changé fondamentalement de direction à temps, en donnant à leur pensée et à leur vie une orientation spirituelle, en accomplissant les commandements divins, la vibration de la planète Terre en aurait été élevée ; l'humanité aurait trouvé l'harmonie avec les hautes forces de la Vie qui préservent également notre planète ainsi que tout ce qui vit en elle et sur elle, et les conduisent à l'évolution.

Dieu n'a pas voulu pour la Terre ni pour chacun de Ses enfants humains la destruction, la souffrance, la détresse et l'horreur, mais l'évolution. Cependant, l'humanité n'a pas tenu compte de Ses avertissements et de Ses indications.

Entre-temps, les mises en garde données par le Seigneur il y a des années – également dans la présente révélation – se sont réalisées. La nature est irrémédiablement détruite. Le nombre croissant de catastrophes naturelles annonce le pire. Le monde et l'humanité sont au bord de l'effondrement. En raison de la pollution de la Terre, les indications du Christ concernant l'absorption des forces curatives et vitales de la nature ne peuvent plus être appliquées de cette manière. La Terre ne peut plus produire les substances nutritives comme à l'époque où cette révélation du Christ a été donnée. Quelle pourrait être la nourriture du futur ? Avoir son propre jardin retrouvera toute son importance !

Le monde du matérialisme et de l'égocentrisme va disparaître – c'est ce qui a été révélé et c'est ce qui aura lieu. Un bouleversement mondial d'une ampleur sans précédent se prépare. Des cendres du moi humain et des flots d'énergie négative que l'être humain a créés en ignorant les Commandements de Dieu, émerge une ère spirituelle, une nouvelle humanité qui accomplit les Commandements des Cieux. Après le chaos et la destruction, qui sont les effets des causes créées par l'humanité pendant des millénaires, le Royaume de Paix de Jésus-Christ s'étendra dans le monde entier sur la Terre purifiée.

Ce qui a été construit dans l'Esprit de Dieu, en suivant le Nazaréen, en accomplissant la Loi de Dieu, c'est-à-dire ce qui est né de la volonté de Dieu, aura également de l'importance dans l'ère de lumière à venir. Cela vaut également pour la grande révélation du Christ datant de 1986 et présentée ici.

Sur la nouvelle Terre lumineuse, tout sera à nouveau comme à l'origine. La nature sera saine, de même que les êtres humains qui sont des corps issus de la nature. Alors, la plénitude avec laquelle Dieu – par l'intermédiaire de la nature – prend soin de nous, Ses enfants en habit terrestre, sera manifeste. Ce livre sera alors un ouvrage historique.

Les Éditions Gabriele – La Parole

Préface

hers frères et sœurs, une salutation en Dieu !

Dans l'Esprit du Seigneur, tous sont frères et sœurs. Me révélant à partir de l'Esprit du Seigneur, j'appelle également tout le monde mes frères et sœurs, quel que soit l'état d'esprit des uns et des autres.

Mon nom est Frère Emanuel ; c'est ainsi que je suis appelé sur Terre, dans l'œuvre du Seigneur, la Vie Universelle. Je suis un être spirituel gardien de la Loi devant le trône de Dieu, le Chérubin de la Sagesse divine.

La révélation qui va suivre, « Causes et genèse de toutes les maladies », est la Parole du Christ adressée à tous les êtres humains. Sa Parole se répand à travers Son instrument qu'Il nomme Sa prophétesse. La Parole de Dieu est LE Je Suis, car Dieu, la Vie, LE Je Suis, est tout en tout.

La révélation du Seigneur donne des aperçus sur le processus de la chute et de profondes connaissances sur la loi des semailles et des récoltes, la loi de causalité. Tant la Loi éternelle que la loi de causalité sont le reflet de la justice de Dieu. Comme tout est rayonnement, les deux lois, la Loi éternelle et la loi de causalité, reposent sur un rayonnement cosmique. C'est pourquoi, les mots ne pourront jamais restituer ce que reflète le rayonnement le plus subtil. Les mots sont des symboles ou des concepts. Celui qui souhaite comprendre les mots plus en profondeur, donc qui souhaite en saisir le sens, doit déchiffrer les mots qui ne sont que des symboles et des concepts, c'est-à-dire les saisir d'après leur sens.

Le Christ, le Rédempteur de tous les êtres humains et de toutes les âmes, expose dans Sa révélation « Causes et genèse de toutes les maladies » comment l'être humain a créé et crée des causes, comment celles-ci produisent leurs effets, ce qui en a résulté et risque d'en résulter par la suite.

Le Christ, l'inspirateur de cette révélation, « Causes et genèse de toutes les maladies », répète plusieurs fois certaines connaissances essentielles, en éclairant chaque fois Ses explications sous un angle différent, afin que le lecteur puisse en comprendre le sens, car les causes et les effets conduisant à des soucis, des difficultés, des maladies et la souffrance sont multiples. Puisse le lecteur faire preuve de compréhension pour ces répétitions. À la première lecture, chacun saisit un aspect des Lois spirituelles. Cependant, si cet aspect est éclairé sous différentes perspectives et répété plusieurs fois, il peut pénétrer plus profondément chez le lecteur qui peut alors le saisir en profondeur et aussi le mettre en pratique.

Le but de cette révélation est, d'une part d'inciter l'humanité tout entière à la réflexion et d'autre part, d'appeler chacun individuellement à prendre sa vie au sérieux – tant au niveau de ses pensées et paroles que de ses actes.

Puissent beaucoup de frères et sœurs s'éveiller à la connaissance et réaliser les Lois divines, afin que la lumière se fasse dans ce monde !

Paix à tous les êtres humains et tous les êtres
en général !

Frère Emanuel, le Chérubin
de la Sagesse divine

ieu est Esprit en Moi, le Christ, le Rédempteur de l'humanité, qui est la Parole, cette révélation.

Les Cieux purs, les êtres célestes et les règnes spirituels de la nature ont pris naissance à partir de l'Esprit du Père éternel.

Dieu a créé les Cieux. La Terre ainsi que tous les soleils et mondes semi-matériels et pleinement matériels sont issus de la chute.

Les formes de vie densifiées sont Esprit densifié.

Par amour pour Ses enfants de la chute, Dieu permit la densification de l'Esprit pur, afin d'assurer aux êtres qui s'étaient détournés de Lui habitation, nourriture et tout ce qui est nécessaire au corps humain, la maison de l'âme. C'est pourquoi, il est dit : Dieu créa les Cieux et cette Terre.

Le corps spirituel – appelé « âme » dans sa forme chargée – est issu des Cieux éternels, de la Loi, Dieu. Il possède toutes les substances spirituelles de l'Infini et, de ce fait, est un microcosme dans le macrocosme, un être issu de l'Éternité. C'est pourquoi, il existe aussi d'éternité en éternité, il est donc immortel.

Le corps terrestre, l'être humain – la maison de l'âme –, appartient à la Terre et ne possède que les substances de cette Terre. De ce fait, comme la Terre elle-même, il n'a qu'une viabilité limitée. La matière est de nature grossière et ses formes de vie sont relatives et éphémères.

Le corps terrestre – l'enveloppe de nature grossière, l'être humain, la maison de l'âme – n'est viable que grâce à l'Esprit éternel, Dieu. L'Esprit, Dieu, est la Vie dans toutes les formes de vie, qu'elles soient de nature subtile ou de nature grossière, matérielle.

Sans l'Esprit, Dieu, la Vie, aucune forme de vie ne peut exister. La Vie se révèle sous de multiples formes, aussi bien à travers les êtres des Cieux que les âmes et les êtres humains, les règnes minéral, végétal et animal.

Toute vie est révélation de Dieu.

L'Esprit, Dieu, est également appelé l'énergie primordiale, car Dieu est de toute éternité. Son action est illimitée. L'Esprit, Dieu, est omniprésent – insaisissable et éternellement créateur.

*Les êtres spirituels purs et les formes
de vie spirituelles pures
sont l'expression de l'Esprit éternel,
tandis qu'Il ne fait que maintenir en vie
les formes de vie matérielles*

L'Esprit créateur – Dieu, l'énergie primordiale – a donné naissance aux formes de vie spirituelles qui sont également appelées les formes d'existence pures.

Les Cieux, avec leurs êtres spirituels purs et leurs formes de vie spirituelles pures, sont l'expression de l'Éternel. L'Esprit éternel, le courant éthérique divin, maintient en vie toutes les formes de vie matérielles.

Toutes les formes de vie spirituelles possèdent soit un « noyau central de l'être » pleinement développé, soit un « germe central de l'être ». Tous deux sont des « stations de distribution » pour l'influx du courant divin, l'énergie divine, encore appelée courant éthérique.

Le « germe central » qui chez les minéraux, les plantes et les animaux célestes n'est que partiellement développé se développe jusqu'à devenir un noyau central parfait qui, chez les êtres spirituels purs, est pleinement développé et actif.

En tant que forme de vie spirituelle, un être spirituel pur est alors la Loi absolue même.

L'âme aussi est une structure spirituelle pure, mais entourée d'enveloppes qui reflètent les charges qui ont été absorbées par les particules du corps spirituel. Lorsque l'âme a déposé ses habits, ses enveloppes, ses charges, alors elle est redevenue un être spirituel pur, Loi éternelle comprimée. Elle retourne dans la Maison du Père. Un corps spirituel incarné est également appelé « âme ».

L'être humain est donc constitué d'une unité faite de trois éléments : l'Esprit – appelé aussi « énergie primordiale » –, l'âme et le corps qui lui est de matière grossière. On appelle cette unité, ce « trio » : être humain.

Dans son état chargé, le corps spirituel est entouré de sept enveloppes éthériques de base. Elles reflètent les charges de l'âme, dessinent et modèlent l'être humain. Comme chaque enveloppe de base se reflète dans chacune des autres, il en résulte sept fois sept spectres de l'âme.

Chaque charge possède sa couleur et un son qui lui est propre et qui fait partie de l'orchestre du satanique.

Les charges – les couleurs et les sons – dessinent et modèlent donc le corps physique. L'être humain est ainsi l'expression – le rayonnement – de l'âme. Il est son et mélodie – qui correspondent à sa conscience, à ses charges.

L'Existence pure – les Cieux éternels – est constituée, comme tout dans l'Infini, d'atomes spirituels. La matière est constituée d'atomes et de molécules matériels. Toute existence – aussi bien l'existence spirituelle pure que l'existence semi-matérielle, l'existence matérielle et les sphère de purification – est insufflée par l'Esprit éternel, l'énergie primordiale, par l'intermédiaire du noyau des atomes spirituels et matériels, c'est-à-dire approvisionnée en force vitale. C'est aussi de cette manière que la cohésion de toutes les formes de vie est assurée.

L'ancien être spirituel, en tant qu'âme revêtue de l'enveloppe « être humain », a tout d'abord dégradé ses vibrations éthériques jadis fines en voulant à tout prix être comme Dieu. En s'enveloppant et en se densifiant progressivement jusqu'à l'état d'être humain, l'être spirituel enveloppé – et ensuite aussi l'être humain – dégrada de plus en plus les forces divines par des sensations, pensées, paroles et actes contraires à la Loi divine et ceci, de façon récurrente. Les courants éthériques les plus fins devinrent toujours plus grossiers et passèrent finalement à l'état grossier, matériel. C'est de cette manière, au cours de milliards d'années, que la matière prit naissance.

Lorsque l'Éternel, encore appelé Esprit universel, anima l'Univers et créa les soleils spirituels purs, des mondes et des êtres spirituels, Il offrit aux êtres spirituels, à Ses enfants, Son héritage en tant qu'essence. Cela signifie que chaque être spirituel des Cieux est la Loi et possède ainsi, en tant qu'essence, l'Infini en lui, dans sa structure atomique-spirituelle.

De cette manière, les êtres spirituels restent dans la conscience de l'unité, en Dieu. Ils ressentent et agissent à partir de la Loi, Dieu. Leurs sensations correspondent à la sensation primordiale divine. Ce qu'ils accomplissent, c'est l'action divine.

De cette façon, ils sont constamment un avec Dieu. Dieu vit à travers eux et ils vivent la Loi, Dieu. Ainsi, ils sont à l'image du Père, l'expression de Dieu.

À travers le processus de la chute, beaucoup d'êtres spirituels se séparèrent de la conscience de l'unité, du fait qu'ils voulaient être comme Dieu Lui-Même : Esprit omniprésent.

L'ampleur et les conséquences du processus de la chute dépassèrent de loin ce que les premiers enfants de la chute pouvaient imaginer :

À cause des êtres spirituels en rébellion qui créèrent des dissonances et s'en infectèrent eux-mêmes, des parties de planètes spirituelles où ces êtres spirituels, ces êtres de la chute, avaient leurs demeures célestes furent également touchées, donc infectées. Des parties d'astres spirituels changèrent de fréquences et commencèrent à chanceler. Les turbulences eurent pour conséquence que ces parties se détachèrent des planètes spirituelles et furent éjectées dans l'univers où elles formèrent des zones plus pauvres en lumière.

La Loi éternelle s'applique dans les Cieux comme sur Terre. Celui qui se sépare de l'unité universelle, de la vie primordiale qui est Amour, tombe dans un état d'agitation, dans un rythme dysharmonieux, et ne peut pas rester relié au rythme divin, à l'harmonie universelle.

Les êtres spirituels qui s'étaient dressés contre le Principe primordial – devenant ainsi des êtres de la chute – ne pouvaient plus être portés par la partie harmonieuse de la planète spirituelle, qui elle continuait à être traversée et inondée par le rayonnement de la Loi éternelle. Comme les êtres de la chute s'étaient enveloppés de leur propres sensations illégitimes, contraires à la Loi divine, ils ne furent plus attirés par les parties légitimes des planètes spirituelles. La Loi éternelle dit : Les semblables s'attirent, les dissemblables se repoussent.

Sous l'effet de la volonté de Dieu, représentée par un Prince de la Loi, les êtres de la chute furent ensuite accompagnés hors des Cieux purs et conduits là où les parties détachées des planètes s'étaient entre-temps regroupées. Ces parties de planètes attirèrent alors les êtres spirituels correspondant à leurs fréquences. Les modifications lumineuses qui eurent lieu ensuite, qui entraînèrent une densification supplémentaire et une chute plus profonde, eurent pour résultat les plans de préparation, les mondes semi-matériels, les sphères de purification et la matière dense.

Dans l'Existence pure, il n'y a pas d'ombres, toutes les formes de vie pures rayonnent d'elles-mêmes. « Germe central de l'être » et « noyau central de l'être », les stations de distribution dans les atomes spirituels

Dieu est Amour et Vie pure.

La création pure est énergie spirituelle ayant pris forme.

Les formes de vie spirituelles pures – les êtres spirituels, les animaux, les plantes, les minéraux, les soleils et les mondes des Cieux – sont des structures de matière subtile pure inondées et illuminées par la lumière primordiale, par l'intermédiaire des soleils prismatiques qui sont l'expression des attributs et des qualités de Dieu. Ces formes de vie sont englobées dans le courant éternel qui s'écoule à travers toute chose – la Loi, l'Esprit, Dieu.

De ce fait, il n'y a pas d'ombres dans l'Existence pure. Tout est lumière. Toutes les formes de vie pures rayonnent également d'elles-mêmes. Cela a lieu de la manière suivante :

En chaque atome spirituel se trouve une station de distribution, un « germe central de l'être » à travers lequel la force universelle, l'Esprit de Dieu, s'écoule dans les formes de vie spirituelles. Cette station de distribution, le « germe central de l'être », se développe progressivement pour devenir un « noyau central de l'être ».

Le « germe central » correspond à l'état de développement respectif des formes de vie spirituelles. Le « noyau central » est une station de distribution parfaite qui ne se trouve que dans les atomes spirituels des êtres spirituels purs. Toutes les autres stations de distribution, donc les « germes centraux », transmettent l'énergie qui s'écoule, Dieu, mais ceci, conformément au stade de développement de la forme de vie spirituelle dans laquelle elles se trouvent. Par l'intermédiaire de la station de distribution, le « germe central de l'être » ou le « noyau central de l'être » dans les atomes spirituels, chaque forme de vie commence – conformément à son développement – à rayonner d'elle-même.

Le soleil central primordial, l'astre suprême du Père éternel, rayonne par l'intermédiaire des soleils des attributs et des qualités de Dieu – qui sont aussi appelés soleils prismatiques ou soleils primordiaux secondaires – dans le « germe central » des atomes spirituels présents dans les règnes célestes minéral, végétal et animal ainsi que dans le « noyau central » des êtres spirituels. Le « germe central » ou le « noyau central » commence alors à s'activer et rayonne ce qui est développé en lui : le « germe central » rayonne l'état développé de la forme de vie ; le « noyau central », la mentalité de l'être spirituel.

Chaque rayonnement est également couleur et son.

Tout cela réuni constitue la symphonie pure, Dieu, également appelée l'orchestre divin ou la musique des sphères célestes.

Comme tout rayonne de l'intérieur vers l'extérieur, il n'y a pas d'ombres.

Les sphères de la chute – à savoir les plans de préparation et les plans de purification pour les âmes qui ne sont pas incarnées ainsi que la matière – se sont formées à travers le processus de la chute parce qu'en raison du comportement erroné des êtres spirituels, le rythme et le son de certaines parties de planètes spirituelles s'étaient modifiés. L'enveloppement et la densification ultérieurs de ces parties de planètes sont les effets de violations de plus en plus grandes de la Loi par les êtres spirituels, au niveau de leurs sensations, de leurs pensées et de leurs actions. Les enveloppes, la densification de ces parties de planètes, sont des pensées ayant pris forme.

Tout ce qui est illégitime, bas, doit redevenir ce qu'il y a de plus élevé, pur, en se développant pour passer de la vibration des pensées du moi humain à l'harmonie universelle, Dieu. L'évolution de l'âme jusqu'à Dieu, l'harmonie universelle, se fait par Moi, le Christ, le Rédempteur de tous les êtres humains et de toutes les âmes. La transformation des parties de planètes se fait par la force primordiale, par le « Que cela soit ! ».

Dans cette révélation, Je donne une vue d'ensemble de la manière dont la chute s'est produite, comment les premières causes ont été créées et entraînèrent ensuite d'autres causes et d'autres effets ; car c'est ainsi que sont nées la souffrance, la détresse et la maladie.

En même temps, cependant, Je donne des aperçus sur les Lois éternelles de Mon Père et Je montre – souvent par des répétitions – comment l'être humain peut éviter de créer des causes et comment il peut les éliminer à temps, c'est-à-dire avant qu'elles ne produisent des effets. Je montre comment une personne, par son comportement, peut atténuer les effets ou les éliminer.

À présent, Je commence par expliquer brièvement comment est apparue la première pensée de la chute : vouloir être comme Dieu.

Avant que l'Esprit, Dieu, n'anime l'Infini avec des formes de vie lumineuses spirituelles, des astres spirituels, des êtres, des animaux, des plantes et des minéraux spirituels, Sa lumière primordiale sainte, l'Esprit, rayonnait dans l'Infini. Tant que ces énergies spirituelles devenues formes – les planètes célestes, les êtres spirituels, les animaux, plantes et minéraux célestes – n'existaient pas encore, l'énergie primordiale, la lumière, Dieu, était peu en mouvement. Elle rayonnait.

Au cours d'un cycle prédéterminé dans l'énergie primordiale elle-même, la lumière primordiale – l'énergie primordiale – commença à s'animer plus intensément. Le mouvement signifie que quelque chose cherche à se produire. Les dispositions créatrices de la lumière primordiale – c'est-à-dire les quatre attributs de Dieu – devinrent plus actives : la lumière primordiale voulait maintenant se donner elle-même une forme.

La partie active de l'énergie créatrice agissait plus fortement sur l'énergie dont l'activité étaient encore moindre.

Il en résulta progressivement une interaction croissante qui généra d'autres énergies.

Les atomes spirituels existants donnèrent naissance à d'autres atomes spirituels. C'est ainsi que l'énergie se multiplia.

Cela signifie que dans un premier temps, ce furent les quatre attributs de Dieu qui devinrent plus actifs ; ceux-ci stimulèrent ensuite les trois qualités de Dieu à une activité renforcée.

Lorsque les sept forces fondamentales furent actives, la substance primordiale entreprit la réorganisation de l'énergie. Jusqu'à présent, elle se composait pour moitié de force positive et pour moitié de force négative. La réorganisation entraîna un changement de cette composition en deux tiers de force positive et un tiers de force négative. Il en résulta le Principe Père-Mère et ainsi, l'énergie créatrice et préservatrice.

Ce processus de réorganisation était préétabli dans les deux particules primordiales identiques qui étaient chacune composée pour moitié de force positive et pour moitié de force négative, car ces porteurs cosmiques d'énergie contenaient également en eux toute la création en tant que mouvement, dynamique, activité et évolution. Par conséquent, cette réorganisation en deux tiers de force positive et un tiers de force négative était nécessaire afin de parvenir à un mouvement dynamique qui détermine désormais le rythme de l'Infini et qui permet aux forces qui façonnent et créent de s'écouler dans l'Infini.

Je le répète, la réorganisation des forces fut nécessaire en tant que force motrice pour la création, son mouvement, son activité et l'évolution de l'univers, car entre des pôles vibrant de manière identique, peu de mouvement est possible.

L'Esprit Père-Mère est à la fois le principe donateur et le principe récepteur, les deux en un. Les deux tiers de force positive, l'aspect paternel, constituent le principe donateur. Le tiers de force négative, l'aspect maternel, est le principe récepteur. L'interaction de ces forces engendre le courant d'Amour. Le courant d'Amour s'intensifia dans les forces primordiales et commença – tout d'abord en lui-même – à préparer l'aspect et les formes de la création.

Les sept forces fondamentales de Dieu sont également appelées ainsi : Les quatre premières forces fondamentales sont les attributs de Dieu, les forces créatrices. Les trois autres forces fondamentales sont les trois qualités de Dieu, à savoir les forces de la filiation divine qui élèvent à la filiation divine les êtres de la nature qui se sont développés et ont pris forme en passant par les règnes minéral, végétal et animal célestes.

'Infini tout entier est un mouvement perpétuel qui se potentialise : le soleil central primordial, qui se compose de deux tiers de force primordiale positive et d'un tiers de force primordiale négative, rayonne ses énergies dans l'univers à travers les sept soleils prismatiques. Là, les forces primordiales sont absorbées par les êtres spirituels, les minéraux, les plantes et les animaux spirituels, les êtres de la nature et les astres spirituels.

La force primordiale est harmonie et mouvement constant. Tout ce qu'elle peut imprégner pleinement reste en harmonie. Tout ce qui est pur est ainsi constamment à l'unisson et en mouvement.

Comme chaque mouvement génère à son tour de l'énergie, davantage d'énergie s'écoule en retour dans la masse primordiale que celle-ci n'en émet. Il en résulte que l'interaction entre la force positive et la force négative dans le

soleil central primordial se renforce, car à partir de l'Infini les sept fois sept forces convergent
à nouveau vers le soleil central primordial où
elles deviennent un seul courant, la force universelle. Celle-ci rayonne alors à nouveau dans
les sept soleils prismatiques, c'est-à-dire dans
les soleils des attributs et des qualités de Dieu ;
à travers eux, elle est décomposée dans les lu-
mières spectrales de l'Infini et à nouveau rayonnée dans l'univers. De cette manière, l'ensemble
des astres, des êtres spirituels, des règnes de la
nature, toutes les âmes et tous les êtres humains
sont en mouvement constant. Après un cycle
prédéterminé, une partie de l'énergie est de nouveau reprise par le soleil central primordial, y est
potentialisée et s'écoule à nouveau dans l'Infini,
à travers les soleils prismatiques, sous la forme
d'un courant, la force universelle. C'est aussi de
cette manière que les plans de purification ainsi que les mondes semi-matériels et pleinement
matériels reçoivent la force primordiale, l'Esprit
saint, en fonction de leur développement spirituel, de leur potentiel spirituel.

Le principe divin – le principe donateur et récepteur – est un mouvement perpétuel qui se potentialise. De ce fait, l'Infini aussi est continuellement en expansion et en évolution.

Au début de la création, cela se passait à petite échelle. Sous l'effet de l'inspiration et de l'expiration constantes de l'énergie primordiale, l'Esprit a suscité et suscite l'expansion continue de l'Infini et l'évolution des formes de vie. C'est ainsi qu'est née la création parfaite des mondes célestes.

Le mouvement renforcé des deux pôles égaux dans le soleil central primordial et la réorganisation de l'énergie primordiale en deux tiers de force positive et un tiers de force négative décuplèrent l'énergie primordiale. L'Esprit Universel en fit régulièrement s'écouler une partie dans l'univers et commença à « modeler » avec cet éther de lumière. Il fallut plusieurs pré-créations pour que le « modèle » soit pleinement développé et que l'Esprit universel, qui entre-temps était également le Dieu Père-Mère, donne pleinement vie à Son modèle.

Le fait que la force primordiale soit émise dans l'univers de manière toujours plus intense a donné naissance à des mouvements semblables à des turbulences. L'éther de lumière – la masse spirituelle de modelage – émane du soleil central primordial, la lumière primordiale. L'Esprit universel prit une partie de l'éther de lumière pour modeler ; une partie de l'éther de lumière s'écoula dans l'univers en tant que force destinée à créer et modeler. Cette force de création et de modelage de l'éther de lumière n'est pas une force omniprésente, mais une énergie destinée à modeler des formes de vie spirituelles.

L'activité accrue des deux particules primordiales identiques généra un potentiel d'énergie de plus en plus élevé. C'est pendant les pré-créations, au cours desquelles l'Esprit mit tout en harmonie et à l'unisson dans l'éther de lumière, que se produisit la réorganisation en deux tiers d'énergie positive et un tiers d'énergie négative. Dans le même temps, l'Esprit universel – l'Intelligence, l'énergie primordiale – fit consciemment s'écouler une partie de l'énergie primordiale négative dans l'univers, vers l'éther de lumière de modelage. À présent, une partie de la plus haute intensité lumineuse de la force primordiale négative se trouvait dans l'éther de lumière de modelage. Cette partie de la force négative omniprésente fut le motif qui donna lieu à la chute.

Au cours de la création parfaite, chaque être spirituel créé et engendré reçut une quantité de cette force primordiale négative omniprésente. Les premiers êtres spirituels créés et engendrés en reçurent plus que ceux qui furent engendrés après eux, parce que les premiers êtres spirituels possédaient et possèdent une plus grande force de rayonnement.

Les premiers êtres spirituels acceptèrent la force négative omniprésente. Ils devinrent ainsi Esprit issus de Son Esprit. Il leur incomba cependant d'accueillir profondément en eux cette partie de la force négative omniprésente et de la transformer de leur plein gré en énergie de création et de modelage, et de s'intégrer dans le courant primordial en tant qu'enfant de Dieu. De cette manière, ils renoncèrent librement à prétendre à l'omniprésence et reconnurent que Seul est omniprésent le Dieu Père-Mère, le Créateur de l'Infini, qui les a contemplés, créés et aussi menés à la perfection à travers l'engendrement spirituel. Ce faisant, les êtres spirituels acceptèrent la filiation et activèrent en eux les qualités de cette filiation : la patience, l'amour et la miséricorde. En même temps, ils reconnurent l'énergie primordiale, le Dieu Père-Mère, comme étant le seul principe primordial omniprésent.

C'est ainsi que naquit la relation père-enfant. Ils devinrent à l'image du Père au niveau de leur forme et de leur apparence. Cependant, leur potentiel de lumière n'est pas omniprésent, ils sont uniquement omniconscients. Ceci signifie que dans leur conscience, ils peuvent tout voir, tout comprendre et se déplacer ici et là. Ils sont donc libres au sein de tout l'Infini.

Comme Je l'ai déjà révélé brièvement, le principe Père-Mère a pris naissance au cours de plusieurs pré-créations qui furent les premières étapes de la création parfaite. L'éther de lumière

– l'énergie fluide – devait intégrer progressivement l'énergie devenue forme. Cela se fit par les pré-créations.

La réorganisation de la force primordiale mi-positive et mi-négative en deux tiers de force positive et un tiers de force négative eut lieu au cours d'éons. Durant ces périodes, l'Esprit Universel expirait encore et encore, modelait l'éther de lumière et l'inspirait à nouveau, jusqu'à ce que la création soit arrivée à maturité et s'accorde à l'harmonie primordiale, la vision de l'Esprit Universel.

Par l'activité et le mouvement amenés par le Dieu Père-Mère, par la réorganisation d'une partie de l'énergie primordiale négative – ce qui généra un mouvement inimaginable à travers l'éther circulant à l'intérieur et à l'extérieur de la lumière primordiale –, il y eut également la création de la polarité. Elle est née du principe Père-Mère, du principe qui donne et qui reçoit. Le Père, les deux tiers de force positive, constitue le principe donateur. La Mère, le tiers de force négative, constitue le principe récepteur. C'est pourquoi le Dieu Père-Mère est dans l'énergie unique, dans l'énergie primordiale, dans la force omniprésente.

Pendant des éons,
l'Esprit Universel laissa aux êtres indécis
la liberté de se décider

C'est en toute liberté que les êtres directement créés par Dieu et les premiers êtres nés de l'engendrement devaient accepter d'être les enfants du Dieu Père-Mère, afin de devenir ainsi des êtres à l'image du Père, qui sont libres et indépendants mais pas omniprésents.

Les premiers êtres faits de l'intensité lumineuse la plus élevée qui soit, c'est-à-dire les premiers enfants créés et engendrés, acceptèrent – à l'exception de quelques-uns – d'être des êtres de l'Absolu, sans être omniprésents. Certes, l'Esprit Universel, le Dieu Père-Mère, accepta dans Son courant d'amour tous les êtres qui n'étaient pas encore en mesure de faire ce pas de la filiation, mais Il ne les accueillit pas encore comme héritiers de l'Infini. Il leur laissa la liberté et des éons pour prendre cette décision.

Cependant, Il donna consciemment le libre arbitre à tous ceux qui L'acceptèrent et L'accueillirent profondément comme étant le Principe Père-Mère unique et omniprésent, et Il les désigna comme héritiers de l'Infini. Il laissa également aux êtres encore indécis la liberté de se décider, et ce pendant des éons, mais Il ne leur donna pas encore l'héritage, le fait d'être des enfants conscients de l'Infini.

Malgré l'indécision de certains êtres, la création en accroissement constant se peupla d'êtres de lumière issus d'engendrements spirituels. Chaque être avait en lui une quantité d'énergie omniprésente qu'il lui fallait librement transformer pour ensuite s'intégrer en tant qu'enfant dans le courant primordial. C'est ainsi qu'il reconnaissait et acceptait l'Esprit Père-Mère en tant qu'unité et seule force omniprésente. Une grande partie des êtres spirituels masculins et féminins acceptèrent la filiation et la polarité. Dans les êtres spirituels encore indécis, la quantité de force négative omniprésente était en grande partie latente.

Le Dieu Père-Mère accepta dans la filiation tous les enfants créés et engendrés, mais Il n'accueillit dans les sept forces fondamentales que ceux qui avaient rapporté la quantité de la force primordiale négative omniprésente dans les forces de la filiation : la patience, l'amour et la miséricorde. De cette manière, ces derniers devinrent libres au niveau de leur volonté et purent entrer en possession de chaque énergie cosmique pour l'utiliser en accord avec la Loi divine

Déjà dans les pré-créations, l'Esprit Universel se donna une forme. À partir d'une partie de l'éther de lumière se formèrent – dans les pré-créations – respectivement les formes ébauchées du Père et de la Mère. Dans les pré-créations, il n'y avait donc qu'une forme ébauchée du Père et une forme ébauchée de la Mère, c'est-à-dire deux formes spirituelles qui n'avaient pas encore été modelées de manière parfaite.

De même, dans les pré-créations, les formes de vie des mondes spirituels animal et végétal n'étaient pas encore pleinement abouties. Mais comme l'Esprit Universel inspirait toujours à nouveau les modèles préliminaires, les formes ébauchées, pas encore parfaites, jusqu'à ce qu'elles soient absolues, la forme ébauchée de la

Mère retourna elle aussi dans l'énergie primordiale omniprésente.

Par contre, en ce qui concerne la création absolue, la force primordiale omniprésente était et reste le Principe Père et Mère à la fois.

La manifestation, le Père céleste éternel, le Père primordial, est le Père de tous les enfants de la création. Il est ainsi le seul être qui dans Son rayonnement est uni à la Loi omniprésente et qui en même temps, dans la Loi éternelle omniprésente, réunit à la fois les deux pôles Père-Mère. Le Père éternel est appelé le Père primordial parce qu'Il réunit et représente les forces primordiales – le principe Père-Mère – en un seul être, le Père primordial.

Aux côtés du Père primordial, il n'y a pas la Mère primordiale en tant qu'être qui représenterait également la partie négative omniprésente, donc la partie maternelle. Aux côtés du Père primordial, qui porte également en Lui la force primordiale négative omniprésente – l'Esprit maternel – et qui la rayonne, se trouve Son dual. Son dual ne porte pas en lui la force omniprésente. Dans les forces fondamentales de l'Esprit, la patience, l'amour et la miséricorde, il est enfant parce que ces trois qualités de la filiation caractérisent les enfants de Dieu en tant qu'êtres.

La mentalité, la polarité et la dualité,
les forces de création et d'engendrement
de même vibration

Dans la création, il y a des mentalités, la polarité et la dualité. Les forces de même vibration s'attirent mutuellement. La polarité, la mentalité et la dualité sont toutes des forces qui attirent des énergies de même vibration, qui s'unissent alors et agissent ensemble selon leur type de vibration, que ce soit au niveau de la polarité, de la mentalité ou de la dualité. La dualité est à l'origine du potentiel des forces spirituelles permettant de créer d'autres enfants des Cieux. Les duaux, le principe positif et le principe négatif, donc un être positif et un être négatif, engendrent ensemble à leur tour des enfants spirituels et constituent respectivement pour ces derniers l'aspect paternel et l'aspect maternel. Mais au-dessus de tout se trouve le Père primordial, la manifestation ou personnification du principe Père-Mère dans l'énergie omniprésente de la Loi, dans la force primordiale.

La manifestation du Père primordial prit également un dual qui est égal à tous les êtres spirituels féminins, à l'exception de la quantité de force primordiale négative omniprésente dont il est doté. Le Père primordial en transmit davantage à Son dual spirituel contemplé qu'à tous les autres enfants spirituels, du fait que Son dual devait Lui ressembler de par sa vibration et son rayonnement ; car des potentiels de forces identiques s'attirent. Dieu-Père, la manifestation de la force primordiale, donc le Père primordial, possède le potentiel de lumière le plus élevé de tout l'Infini, plus que tous Ses enfants, qu'ils soient des êtres masculins ou féminins.

Le dual spirituel du Père primordial ne bénéficia d'aucun avantage vis-à-vis de tous les autres êtres spirituels. Le dual de l'Éternel, du Père primordial, dut lui aussi transformer, c'est-à-dire rapporter, la quantité de force primordiale négative omniprésente qui lui avait été transmise et se montrer enfant parmi les enfants de Dieu dans les trois qualités de la patience, de l'amour et de la miséricorde.

Bref résumé

Moi, le Christ, le Rédempteur, Je répète une nouvelle fois, pour une meilleure compréhension :

Le Père primordial insuffla donc au premier être féminin créé un quantum plus important de force primordiale négative omniprésente qu'à tous les autres êtres spirituels, y compris ceux qui furent engendrés au cours de la suite du processus de la création. Le premier ange féminin a donc reçu plus de force primordiale négative omniprésente afin d'être ainsi accordé à la force potentialisée du Père primordial.

Le principe spirituel est le suivant : Les semblables s'attirent. Les êtres spirituels ayant des aptitudes identiques ou similaires au sein des sept forces fondamentales, qui ont par exemple des aspects – c'est-à-dire des dispositions – de même vibration au sein de la force fondamentale de l'attribut de la volonté, donc qui possèdent la même quantité d'énergie potentialisée issue de la force fondamentale de la volonté et qui se complètent ainsi davantage, auront des tâches spirituelles en commun avec lesquelles ils agiront ensemble pour le tout. Ce sont là la polarité et la mentalité, l'attraction et la communication entre des forces identiques.

Si une dualité naît des forces de la polarité et de la mentalité qui globalement ont la même vibration, alors l'être masculin et l'être féminin agissent ensemble de manière renforcée tout en restant néanmoins en unité avec tous les êtres.

Le premier ange féminin créé accepta certes sa part de la filiation, à savoir un quantum de force primordiale négative omniprésente, mais ne l'intégra pas, car il ne le rapporta pas dans la force universelle fluide, dans l'Esprit Père-Mère. Il ne pouvait se faire à l'idée de ne pas pouvoir représenter la partie maternelle omniprésente en tant qu'omniprésence.

Celui qui au cours du processus de la création, en tant qu'être, rapportait sa part de force primordiale négative dans le courant Père-Mère, obtenait pour toute éternité, dans tout l'Infini, le libre arbitre absolu. Il vit dans la conscience de toute chose. Grâce à l'omniconscience, l'être spirituel peut se rendre dans toutes les sphères de l'Infini. Il n'est exclu d'aucune possibilité donnée par la Loi parce qu'en rapportant dans le Courant sa part de force primordiale négative omniprésente il est devenu la Loi elle-même.

Le principe de conception, de création et d'engendrement renferme le libre arbitre. Dans le cycle des éons de l'éternité, Dieu a donné aux Siens la possibilité de rapporter leur part de force primordiale négative dans le courant omniprésent. Bien que le premier être féminin ne l'eût pas encore fait, le Père primordial prit cette première création féminine, dont le rayonnement était le plus beau, pour en faire Son dual, afin de vivre le modèle de ce qui s'exprime dans la création à travers tous les êtres et toutes les formes : la mentalité, la polarité et la dualité, les forces de conception, de création et d'engendrement qui ont la même vibration.

Tout est possible à celui qui est la Loi. Il possède la liberté de mouvement dans tout l'Infini. L'être spirituel contemple en lui les différents plans célestes avec leurs astres, leurs êtres et leurs règnes de la nature et peut soit séjourner sur un plan en lui-même, soit s'y rendre avec une rapidité qui ne peut être décrite en mots humains.

Dieu transmit au Fils premier-contemplé
une partie de Sa force primordiale positive
et fit de Lui le Corégent.
Son dual se sentit désavantagé

Lorsque Dieu-Père transmit une partie de la force primordiale positive omniprésente à Son Fils premier-contemplé, en partie créé et engendré, et selon la Loi éternelle Le fit Corégent des Cieux, le quantum de force primordiale négative omniprésente et en partie latent dans le premier être féminin commença à s'activer.

Le dual du Père primordial voulait aussi être comme Dieu, omniprésent dans l'énergie fluide, tout comme le premier Fils est omniprésent dans les quatre attributs de Dieu.

Le premier être féminin réalisait toujours plus que comme enfant, comme fille et dual, il était sur un pied d'égalité avec tous les fils et filles et les duaux féminins, à la seule exception qu'il possédait une intensité lumineuse plus élevée que tous les autres êtres féminins.

Le sentiment négatif de vouloir être comme Dieu mûrissait de plus en plus dans l'être féminin le plus élevé. Il ne voulut pas rapporter le quantum de force primordiale négative omniprésente dans les qualités de la filiation divine, car il voyait dans cette part de force primordiale négative omniprésente la possibilité de redevenir omniprésent dans le courant divin omniprésent. En tant qu'être féminin, il voulait être l'égal du Premier-contemplé, du Corégent. L'ange féminin se sentait donc désavantagé, car son ancien potentiel de forces, maintenant manifesté, qu'il aurait dû transformer en filiation et en dualité, et qui faisait autrefois partie de la force primordiale omniprésente, n'était plus omniprésent.

La déception de ne plus pouvoir être dans l'omniprésence et de ne plus y être inclus – malgré ses efforts persistants – fit mûrir l'idée de la chute chez l'ange féminin le plus élevé. Il se révolta contre la Loi absolue. Animé du désir d'être omniprésent avec sa part d'héritage, il essaya de gagner à son projet de nombreux êtres spirituels, aussi bien masculins que féminins. L'être féminin le plus élevé toucha ainsi chez beaucoup d'êtres spirituels des Cieux la part de force primordiale négative omniprésente, en particulier chez ceux qui n'étaient entrés que partiellement ou pas encore dans la relation de filiation. Mais il stimula aussi la pensée de la chute chez certains êtres spirituels qui avaient déjà rapporté leur part de force primordiale négative dans le courant omniprésent. Les êtres qui se sentirent interpellés et touchés par le premier ange féminin partagèrent alors son état d'esprit et se rallièrent à lui, le premier être féminin.

Après une longue vie en harmonie avec les Lois divines, durant le délai de grâce des éons où il aurait dû rapporter la force primordiale négative, le premier être féminin rejeta la dualité dans le principe de la filiation, car il voulait être comme Dieu, c'est-à-dire omniprésent, vibrant autant dans la force positive que dans la force négative.

Par cette révélation, Moi, l'Esprit de la Vérité, Je n'ai transmis qu'un bref résumé allant des forces initialement identiques de la force primordiale mi-positive et mi-négative à la création des formes d'existence éternelles, afin que l'être humain apprenne à mieux comprendre la loi de cause à effet, la loi des semailles et des récoltes, et que celui qui cherche la vérité sache et comprenne pourquoi la chute a eu lieu et pourquoi le premier ange féminin a voulu ramener la partie de la force primordiale négative omniprésente dans la force universelle d'où elle s'était écoulée pour devenir une force qui façonne, qui conçoit, crée, engendre et aussi qui reçoit.

Le Christ empêcha la réalisation du projet des êtres de la chute

Si le premier être féminin avait réussi à être comme Dieu, omniprésent, alors toutes les formes de vie spirituelles se seraient dissoutes, parce que la part de force négative qui renferme la filiation serait retournée dans la force primordiale, se serait à nouveau écoulée en elle. La dissolution de toutes les formes de vie spirituelles aurait rétabli le principe initial d'égalité : une force mi-positive et mi-négative.

Dans les enseignements orientaux, cette pensée d'égalité (une force mi-positive et mi-négative) existe encore en partie aujourd'hui parce que l'acte de création définitif de Dieu n'est pas connu dans tous ses détails. C'est pourquoi, beaucoup de personnes, surtout en Orient, ne peuvent pas accepter le Corégent, Moi, le

Christ, et ainsi, pas non plus la force partielle issue de la force primordiale, Mon héritage divin qui est la rédemption de toutes les âmes. C'est ainsi que la conception de la dissolution de toutes les formes de vie subsiste aujourd'hui encore, en particulier en Orient.

La chute, également appelée chute des anges, est issue de ce processus de la création et constitue une turbulence qui existe encore. D'un point de vue vibratoire, elle s'est à ce point densifiée qu'elle est devenue substance solide, appelée matière.

Par la force partielle issue de la force primordiale, la force du Christ que Je suis, toutes les âmes retrouveront leur pureté et accéderont ainsi de nouveau à l'unité divine, mais Dieu leur laisse en cela le libre arbitre.

Grâce à Mon héritage qui, réparti en étincelles, agit en chaque âme, la dissolution de toutes les formes de vie a été empêchée. Grâce à Mon héritage, la force partielle issue de la force primordiale, Moi, le Christ, le Rédempteur de toutes les âmes, Je rétablirai l'unité cosmique absolue, conformément au plan éternel de la création.

*La force rédemptrice protège et aide
les âmes et les personnes de bonne volonté
à retourner à Dieu sur le chemin
de l'évolution*

La force partielle issue de la force primordiale, la force du Christ, agit dans la loi de cause à effet et continuera à le faire jusqu'à ce que toutes les âmes aient quitté la roue des réincarnations. La roue des réincarnations est constituée des quatre plans de purification.

La réalisation des Lois éternelles est le début du chemin de l'évolution de l'âme hors de la loi des semailles et des récoltes.

Ma force rédemptrice agit plus fortement dans les âmes incarnées, dans les êtres humains, que dans les âmes désincarnées qui se trouvent dans les aires de purification. La grâce qui se répand dans l'âme et son enveloppe humaine offre une protection aussi bien à l'âme de bonne volonté qu'à son enveloppe humaine qui aspire à la perfection. La protection donnée par Ma grâce renforcée est nécessaire à celui qui chemine vers Dieu, surtout dans les premiers temps, lorsque celui qui aspire à Dieu fait ses premiers pas sur le chemin de l'évolution vers Dieu. En effet, sur la Terre, des personnes de différents niveaux de conscience vivent ensemble dans un espace restreint, ce qui augmente le risque de se charger. Dans un espace restreint vivent à la fois des personnes qui aspirent à la pureté et à la chasteté et d'autres qui s'adonnent à l'immoralité, qui émettent de l'agressivité et insultent leur prochain s'il ne fait pas ce qu'elles veulent.

*La matière est la manifestation de
formes-pensées négatives et, vue à partir
de l'Esprit, elle est apparence, illusion,
c'est-à-dire éphémère*

Au fil des millions d'années, la turbulence émanant des êtres de la chute devint toujours plus dense. Les sensations et pensées négatives, le désir de posséder, d'être et d'avoir, prirent et prennent forme en tant que rayonnement densifié, matière. La cristallisation la plus forte, la matière, n'est rien d'autre que la manifestation de formes-pensées. Elle a été provoquée par le monde erroné des sensations et des pensées des êtres de la chute, mais aussi des êtres spirituels qui voulurent venir en aide à leurs frères et sœurs, les êtres de la chute, et qui ensuite s'empêtrèrent eux-mêmes dans la matière.

Vue à partir de l'Esprit, la matière, qui est de nature grossière, n'est que relative et ne constitue pas la réalité. Elle est apparence, illusion, et non pas Existence.

De même, les mondes semi-matériels et les plans de purification ont vu le jour sous l'effet de la pensée de la chute : vouloir être comme Dieu sans être divin.

Dieu est omniprésent, et les êtres spirituels qui grâce à leur conscience élevée contemplent et éprouvent tout ce qui se déroule dans l'Infini, sont divins.

*Le Christ donne cette révélation
dans le but d'éveiller à la Vie des âmes
et des personnes*

Afin que de plus en plus d'âmes et de personnes apprennent à se connaître, prennent connaissance de l'origine de leur vie et en fassent l'expérience en eux-mêmes, Je Me révèle Moi, le Christ, le Fils du Père éternel et vivant, le Corégent des Cieux, le Rédempteur de toutes les âmes et de tous les êtres humains. Afin que les âmes et les êtres humains apprennent à comprendre et à accepter correctement les Lois de l'Amour et de la Vie, Je donne des aperçus toujours plus profonds de la Loi qui régit éternellement, la Vie.

De même, cette révélation issue de Mon Esprit doit donner des aperçus de la Vie de l'Esprit et aider beaucoup d'âmes et de personnes à parvenir à la liberté intérieure et à vivre dans l'Esprit de Mon Père et de leur Père. Les âmes et les êtres humains doivent prendre conscience de la force des sentiments, des pensées, des paroles et des actes qui façonnent leur vie, qui peuvent les rendre libres ou au contraire leur apporter détresse, misère, soucis et maladie, selon la manière dont l'âme ressent et dont son enveloppe humaine pense et agit.

L'être humain est le bâtisseur et l'artisan de son propre destin. Ses sentiments, ses pensées, ses paroles et ses actes sont autant d'éléments constitutifs pour une vie heureuse ou au contraire pour une vie dans la détresse, dans la misère, la maladie et la souffrance. Ce qui se trouve dans son âme, lumière ou ombre, se manifestera au cours de l'une de ses vies terrestres.

Mes révélations devraient être comprises selon leur sens, de sorte que les sagesses profondes, qui en disent bien plus que la lettre elle-même, puissent en émerger. Le mot en tant que tel exprime peu. La vibration qui s'écoule dans le mot à partir de Moi, l'Esprit éternel, permet de prendre conscience des sagesses profondes, de la vérité.

Ce que l'être humain est capable de saisir et de comprendre à partir de Mes paroles, qui sont des vibrations, éveille l'âme et son enveloppe humaine à la Vie en Moi, l'Esprit. Une telle personne devient réceptive à la vérité éternelle, car celui qui vit à partir de la vérité connaît Ma voix.

Mes brebis connaissent Ma voix.

L'univers fait partie de l'unité qu'est Dieu
et existe parce que l'énergie primordiale
l'insuffle et le maintient en vie.
Les êtres spirituels purs sont constitués
d'une unité binaire : Esprit et corps spirituel.
L'être humain, lui, est composé d'une
unité triple : Esprit, âme et corps

La diversité que le Tout-Puissant a contemplée dans le grand tout et fait naître de l'unité demeure, vit et agit dans l'unité, dans le grand tout.

Toutes les formes de vie appartiennent à cette diversité qui vit à travers la Loi de l'unité et qui se reconnaît à nouveau dans le grand tout et s'y sait en sécurité, protégée : la création éternelle pure avec ses règnes de la nature et êtres célestes purs – les êtres spirituels – ainsi que la matière partielle et la matière dense, et aussi les plans de purification avec les êtres, les âmes et les êtres humains qui y sont rattachés. Tout fait partie de l'unité Dieu.

C'est par la forme-pensée manifestée – l'enveloppe matérielle, l'être humain – qu'est née l'unité triple : Esprit, âme et corps. Cette triplicité n'existe que là où sont incarnés des âmes partielles ou des êtres spirituels chargés, des âmes – c'est-à-dire des animaux qui ont une âme partielle ou des êtres humains dont l'âme pleinement développée constitue la vie qui les anime.

Les formes de vie qui ne sont pas incarnées, qui ne vivent pas dans une enveloppe matérielle, ne sont pas constituées d'une unité triple. Les pierres et les plantes n'ont, elles, pas d'âme. Elles sont animées par des rayonnements de Vie divins. Les pierres et les plantes sont appelées « duos ». Elles sont composées d'une part du ou des rayonnements de l'Esprit et d'autre part de l'enveloppe, de la forme extérieure.

Tous les corps purement spirituels des êtres célestes sont des « duos », une unité binaire : Esprit – c'est-à-dire énergie divine fluide – et énergie devenue forme.

Le développement du corps purement spirituel se fait par la compression de l'éther de lumière et la potentialisation de la forme de vie spirituelle. De celle-ci a résulté et résulte progressivement une structure spirituelle composée de particules.

Dans les mondes célestes, cette compression et cette potentialisation commencent chez le minéral spirituel et se poursuivent à travers les règnes végétal et animal jusqu'à ce que la forme de vie harmonieuse d'un être de la nature accède à la filiation divine, c'est-à-dire à la forme de vie purement spirituelle qu'est le corps spirituel, également appelé corps éthérique. Il porte en lui la force primordiale, la Vie, l'énergie primordiale, aussi appelée énergie divine.

Ni le corps spirituel ni l'être humain ne pourraient vivre sans l'énergie primordiale, Dieu. De même, toutes les formes de vie matérielles, comme les pierres, les plantes, les animaux et les êtres humains, ne peuvent exister sans l'énergie primordiale.

Dans le Royaume purement spirituel il y a une unité binaire, le duo : Esprit et corps spirituel. L'être humain est lui composé d'une unité triple, encore appelée unité ternaire : l'Esprit – la force primordiale –, l'âme et le corps physique.

L'univers tout entier – les univers visibles et invisibles – existe parce que l'énergie primordiale, Dieu, l'insuffle et le maintient en vie. La Loi, l'Amour, est composée des quatre attributs et trois qualités de Dieu. Ces sept forces divines fondamentales constituent le Principe qui maintient tout en vie, encore appelé l'énergie primordiale, Dieu ou l'Esprit saint.

L'essence de toutes les formes de vie spirituelles pures est l'énergie primordiale ; elles possèdent en elles toutes les forces de l'Infini. Tout est Esprit issu de Son Esprit. Le Principe éternel qui maintient tout en vie, l'Esprit saint, agit à travers les formes de vie créées, à travers le corps éthérique et tout ce qui existe.

La pensée de la chute entraîna la dégradation d'une partie de l'énergie primordiale devenue forme, des parties de planètes spirituelles et, avec elles, des collectifs de pierres, des plantes et des animaux. La transformation de l'énergie la plus élevée en vibrations basses, en matière, généra au cours du temps, où se produisirent d'autres aspects négatifs, la loi de cause à effet ou loi des semailles et des récoltes, encore appelée loi causale.

Lorsque l'enveloppe du corps spirituel, l'être humain, s'est peu à peu formée, est née une unité triple : l'Esprit de Dieu dans le corps éthérique, appelé maintenant âme, et l'enveloppe, l'être humain ; donc l'Esprit, l'âme et l'être humain.

L'enveloppe de l'Esprit et de l'âme, l'être humain, est liée au temps et donc éphémère. Tout ce qui n'est pas de nature purement subtile ne peut subsister à long terme.

Tout ce qui existe repose sur de l'énergie, sur des rayonnements, des vibrations. Tout est vibration : les Cieux purs avec les êtres spirituels purs et les règnes minéral, végétal et animal spirituels, la matière avec ses formes de vie et ses êtres humains, les sphères semi-matérielles avec leurs êtres et formes de vie semi-matériels, les plans de purification avec leurs âmes.

Les êtres spirituels purs peuvent voir dans toutes les sphères des Cieux purs, des royaumes des âmes et de la matière dense. Tous les autres êtres, comme les âmes dans les plans de purification, ne peuvent voir que ce qui correspond au développement de leur conscience.

Les personnes entièrement centrées sur la matière ne voient que la matière et leurs pareils.

Celles qui cherchent et ouvrent en elles-mêmes le Royaume de Dieu, et qui se sont élevées spirituellement – donc vibratoirement – au-dessus des quatre plans de purification, comprennent et voient en elles les Lois véritables ; elles savent ce qui se déroule derrière la matière et les plans de purification. Elles se sont éveillées à la filiation divine dans l'Esprit de l'Infini.

Donc, si l'âme dans l'être humain est parvenue à cet élargissement de la conscience et a parcouru les quatre plans de purification, si sa conscience se trouve ainsi dans la filiation de Dieu, alors ce qui est derrière la matière se révèle à l'âme et à son enveloppe humaine : la manière d'agir et la Vie de l'Esprit.

Les formes de vie pures rayonnent d'elles-mêmes. Elles ne sont pas éclairées par un soleil comme l'être humain. La force primordiale rayonne à l'intérieur d'elles et à travers elles.

Par contre, l'univers matériel et ainsi également le corps physique sont éclairés de l'extérieur par des soleils et des planètes, mais ne sont donc pas traversés de leur rayonnement. Ce n'est qu'ainsi que la matière devient visible. Si la lumière n'éclairait pas les corps et les objets, il n'y aurait pas de reflets et les choses matérielles ne seraient pas visibles. Une âme désincarnée ne peut percevoir que les sphères qu'elle a activées en elle-même en tant que lumière et force, et c'est uniquement là qu'elle peut vivre.

Aussi bien l'âme que l'être humain ne perçoivent donc en eux que la lumière et la force qu'ils ont activées. Seul ce qu'une âme a réalisé au cours de son cheminement vers la lumière de Dieu peut se refléter en elle. Seul le rayonnement auquel une âme a de nouveau accédé par la réalisation des Lois éternelles peut devenir actif en elle. C'est ce qu'on appelle l'élargissement de la conscience.

Si une âme est encore très liée à la Terre, alors il lui est également impossible de regarder dans des sphères plus élevées et plus lumineuses, car elle n'a pas encore développé la fréquence vibratoire plus élevée de ces sphères de vie. Sa conscience est donc étroite. Les sphères supérieures ne peuvent pas se refléter en elle parce qu'elles sont encore recouvertes par ses charges. Si elle a des liens karmiques avec des sphères supérieures, alors l'âme dont la vibration est pour le moment plus basse se verra accorder de temps à autre la possibilité de regarder dans des sphères plus élevées, plus lumineuses, grâce à un apport d'énergie temporaire. C'est en elle-même que l'âme voit les liens karmiques qu'elle a encore, éventuellement aussi avec une sphère plus élevée. De cette manière elle est incitée à pardonner ou à demander pardon.

Cet accès à des sphères supérieures se fait de la manière suivante : Grâce au rayonnement accru qui lui est accordé par le biais des planètes qui la guident et sous l'influence desquelles elle se trouve encore, sa conscience s'élargit temporairement. L'âme voit dans sa propre conscience les charges qui subsistent encore en elle. De cette manière, elle est amenée à des prises de conscience dans le but de pardonner ou de demander le pardon.

Le processus est semblable pour les âmes incarnées. L'âme et son enveloppe humaine ne mûrissent que par des prises de conscience sur elles-mêmes, par la réalisation des Lois et le pardon. Aussi bien l'âme dans les aires de purification que l'être humain sont sans cesse incités par la Loi éternelle, à travers la loi causale – la loi de cause à effet – à avoir des prises de conscience sur eux-mêmes et à s'efforcer de mener une vie correspondant à la Loi de l'Amour. Plus une âme et son enveloppe humaine ont une conscience limitée, plus cette personne est liée à son propre monde de conceptions. Dans de nombreux cas, elle ne prête alors pas l'oreille à l'appel de la Loi éternelle parce qu'elle vit selon ses conceptions et ainsi, souvent contre la Loi éternelle.

En revanche, les êtres purs vivent la Loi et sont ainsi la Loi elle-même ; ils rayonnent d'eux-mêmes. Rien ne perturbe leur sensation primordiale spirituelle. Ils voient toute chose de manière juste et comprennent ainsi tout processus dans sa globalité.

Ce qui est pur, absolu, n'approuve pas la limitation du temps et de l'espace. C'est pourquoi la limitation ne peut pas exister à la longue. Dieu voit certes la limitation, mais ne l'approuve cependant pas.

Pour l'être pur, pour la conscience pure, tout est manifeste et clair. La pureté pénètre toute chose, également la matière, tous les soleils, les mondes et les êtres humains. Nous voyons la matière comme étant un matériau solide. Cependant, comme tout ce qui se trouve dans l'Infini, elle est vibration, énergie.

*Une personne spirituellement aveugle
et sourde ne connaît pas sa véritable nature
et ne peut pas percevoir Dieu en elle*

Ce qui est pur voit et approuve l'Existence, mais pas l'illusion. Tant qu'une personne se lie encore à d'autres personnes ainsi qu'à des choses par ses désirs et ses conceptions, elle reste également liée au temps et à l'espace, et ne peut pas non plus prendre connaissance de sa nature véritable, ceci jusqu'à ce qu'elle s'efforce de voir les choses telles qu'elles sont et non telles qu'elles paraissent, en explorant elle-même son origine et sa nature véritables.

Si elle réussit à s'explorer et à apprendre à se connaître elle-même, alors elle n'interviendra plus dans les lois de la nature ; elle verra l'être humain comme un reflet du Père éternel et respectera la vie, celle de ses semblables ainsi que celle de ses « prochains des règnes de la nature » : les plantes et les animaux, la nature tout entière. Alors seulement, la souffrance, la détresse, la maladie, la faim et la mort spirituelle prendront fin.

Ce que l'être humain sème, il le récoltera. Celui qui enfreint la Loi universelle d'airain, agit contre lui-même. Beaucoup de personnes sèment continuellement de nouvelles causes. Chaque cause dont elles ne se sont pas repenties et qu'elles n'ont pas réglée, effacée, à temps est suivie d'un effet.

Beaucoup de personnes ont bâti et continuent de bâtir sur des causes comme la haine, l'envie, la souffrance, la destruction, la maladie et toutes sortes d'autres fléaux. Ce comportement a mené et mène à un rétrécissement de la conscience empêchant l'âme et son enveloppe humaine de percevoir la sensation primordiale, l'Esprit de Dieu, la voix du Tout-Puissant.

De ce fait, Dieu, la Loi éternelle, ne peut guider directement qu'un petit nombre de personnes. Toutes les autres sont guidées par Dieu, la Loi éternelle, à travers la loi causale : Ce que l'être humain sème, il le récoltera.

Un grand nombre d'êtres humains et d'âmes sont devenus sourds et aveugles à la Parole de Dieu. Dans cette surdité et cette cécité spirituelles, l'être humain cherche uniquement à entrer en contact avec des personnes qui lui ressemblent et ce faisant, il oublie qu'il est un être issu de Dieu, et donc divin. L'âme, en revanche, recherche consciemment et inconsciemment l'origine de la Source, jusqu'à ce qu'elle y soit à nouveau immergée.

Chaque être humain a sa langue. Il parle la langue du pays où il vit. Les paroles humaines sont des sons qui, assemblés les uns aux autres, forment le langage. Ils ne sont qu'une béquille, mais en aucun cas la communication des forces pures de l'âme avec Dieu.

En raison d'un mode de vie superficiel – dont le langage fait partie –, de nombreuses personnes sont devenues spirituellement aveugles et sourdes. C'est pourquoi elles ne connaissent pas le langage et la voix de Dieu.

Comme beaucoup de personnes ne peuvent plus percevoir en elles-mêmes, dans leur âme, la sensation primordiale sainte, la Parole de Dieu, Moi, l'Esprit de la Vie, Je Me révèle en paroles à travers la langue maternelle d'une personne que J'ai appelé à devenir Mon instrument.

Le langage humain est limité. Ainsi, il ne M'est pas possible de révéler les Lois universelles de la Vie dans leur intégralité, ni tous les mécanismes de la loi de cause à effet dans laquelle se reflète tout le processus de la chute.

Moi, votre Seigneur, l'Esprit de la Vie, le Christ, Je vous ramène à la sensation primordiale sainte, à Dieu, à la Parole de Dieu, à la vérité. Ainsi, que tous ceux qui entendent ou lisent Ma Parole – que Je donne à travers Mon instrument – s'efforcent d'en comprendre le sens spirituel, afin que ce que Je révèle devienne un véritable enrichissement pour l'âme et son enveloppe humaine.

Dans ce monde des formes de vie extérieures, tout est relatif. Ce que l'être humain voit avec ses yeux terrestres est limité ; vu depuis la conscience éternelle, ce n'est qu'apparence, illusion, donc irréel.

Le monde terrestre est l'expression des sens et des pensées de chacun, c'est-à-dire que le monde est constitué de formes-pensées. Il sera transformé, comme tout ce qui est de structure grossière, dense, parce que la Loi éternelle n'a produit et ne continue à produire que ce qui est éthérique, c'est-à-dire qui rayonne de soi-même.

Tout ce qui n'est pas Loi absolue n'a qu'une viabilité limitée et n'existe donc pas dans l'Esprit de Dieu.

Dieu est Esprit, l'énergie d'Amour et de Vie de la plus haute vibration. Dieu voit tout parfait, purement éthérique. Étant donné que Dieu est absolu, l'énergie vibratoire la plus élevée, à la longue seul peut subsister ce qui est spirituel, c'est-à-dire les structures éthériques pures qui sont absolument perméables au rayonnement et sans ombres.

Les pensées et les projections de toutes les générations humaines, depuis le début de l'humanité jusqu'à l'époque actuelle, se reflètent dans le passé et le présent. Ce que l'être humain a causé autrefois et maintenant, et qu'il n'a pas réglé, effacé, c'est-à-dire ce qui n'a pas été transformé, détermine chaque époque.

De même que l'être humain – chacun individuellement – est le miroir de son âme, de même les évènements de l'actualité, chaque époque, sont le miroir de ceux qui ont vécu jadis en habit terrestre et qui vivent maintenant à nouveau à cette époque. Ils modèlent le monde et ce qui s'y passe avec ce qui est enregistré dans leur âme.

Les personnes qui sont uniquement centrées sur le monde, qui ne vivent pas en étant conscientes de Dieu, sont guidées par Dieu – la Loi éternelle – indirectement, par l'intermédiaire des astres.

La force primordiale, la source de l'Amour et de la Vie, est la force énergétique présente dans tous les corps célestes, qui est destinée aux êtres spirituels, aux âmes et aux êtres humains ainsi qu'aux règnes et la nature.

Les structures atomiques modifiées et dégradées des soleils et planètes semi-matériels, y compris le soleil terrestre ainsi que tous les soleils matériels et les aires de purification, ne reçoivent que la quantité d'énergie correspondant à leur évolution respective et pouvant être reçue par les âmes et les êtres humains à travers la réalisation des Lois éternelles.

En raison de l'instabilité des êtres humains, des fluctuations de leur conscience, une fois pour l'Esprit, puis à nouveau pour le monde, une fois en quête spirituelle, puis à nouveau replongés dans le monde où d'autres charges les guettent, la quantité d'énergie rayonnée par la force primordiale change constamment. En d'autres termes, la force primordiale afflue plus ou moins abondamment selon le degré d'évolution des âmes et des êtres humains, et en fonction du côté où penche la balance de ces derniers, vers le spirituel ou vers le matériel.

Si une personne lie à nouveau ses sens à ce qui est matériel, la force primordiale diminue en elle : sa conscience spirituelle rétrécit et ses formes-pensées – les amas de pensées qu'elle a elle-même créés – exercent une influence sur elle. Ces formes-pensées qui lui sont propres peuvent alors servir de points de connexion à des âmes dont la vibration est similaire ou aussi à des formes-pensées d'autres personnes ou à des forces issues de la chronique atmosphérique dont la vibration est identique ou similaire. Toutes ces énergies peuvent alors influencer l'âme et son enveloppe humaine.

Celui qui n'est pas sur ses gardes et qui laisse passer ses journées de manière irréfléchie, qui ne contrôle pas ses pensées et n'oppose pas aux pensées négatives, comme la haine, l'envie, la jalousie et l'égocentrisme, des pensées positives, désintéressées, constructives – donc en accord avec la Loi divine – gaspille sa précieuse énergie vitale. Il vit mais ne sait pas pourquoi. Lorsque son habit terrestre meurt, son âme ne sait alors pas où se poursuit le voyage. Il quitte cette Terre en étant un étranger pour lui-même et là où se rend son âme, il se sentira également comme un étranger dans un état somnambulique.

Celui qui est un étranger pour lui-même parce qu'il vit loin de Dieu et considère le monde comme étant son seul espace de vie, celui qui ne s'interroge pas sur les Lois cosmiques et qui ne les applique pas non plus à lui-même, se posera aussi régulièrement cette question : Pourquoi les catastrophes naturelles, la détresse, les maladies, les soucis, les problèmes et bien d'autres choses encore ?

Dieu est la Loi absolue. Les Cieux purs et les êtres spirituels purs sont également Loi absolue et universelle de la Vie. Les sept forces fondamentales de la Vie

Celui qui lit ou entend Ma Parole doit partir du fait que Dieu est Esprit et que toutes les formes de vie pures viennent de l'Esprit. Dieu est donc Esprit omniscient, Il est énergie primordiale.

La Parole de Dieu est la sensation primordiale qui trouve son expression en toute existence et dans tous les êtres, également dans les personnes qui se sont intérieurement rapprochées de la Source primordiale, de l'Esprit saint.

La sensation primordiale, la conscience qui s'écoule et se communique, est aussi appelée sensation universelle. Elle est la force d'expression de la Loi. La Loi, Dieu, est une énergie qui s'écoule éternellement.

La sensation primordiale – la Loi éternelle – est, dans ses multiples facettes, couleurs et formes, le rythme de l'Infini. Celui-ci est action et réaction, et en même temps il s'exprime dans les êtres spirituels et dans toute la création.

La force primordiale afflue du soleil central primordial, des deux particules primordiales, la force positive et la force négative.

La force primordiale se compose des sept forces fondamentales. Pour ce monde, elles sont appelées ordre, volonté, sagesse, rectitude, patience, amour et miséricorde.

Ces sept forces fondamentales, la Vie pour toutes les formes d'existence, affluent dans sept soleils prismatiques qui gravitent autour de l'astre central, le soleil central primordial. Ces sept soleils prismatiques – encore appelés soleils primordiaux secondaires – décomposent les sept forces fondamentales en sept fois sept forces énergétiques.

Ces sept fois sept forces, la Loi de Dieu pour toutes les formes d'existence – les êtres spirituels, les âmes et les êtres humains, les règnes de la nature –, sont la Loi universelle de la Vie.

Les sept forces fondamentales décomposées par les soleils prismatiques en sept fois sept rayons de Vie sont les Lois pour la vie dans l'Infini. Chaque rayon de Vie est un rayon de la Loi qui agit dans l'Infini en tant que Loi.

Dieu est Loi absolue. Comme tout est Loi, Dieu, les Cieux purs et tous les êtres spirituels qui habitent les Cieux sont également Loi, Dieu.

La loi de causalité, la loi de cause à effet, est elle aussi alimentée par la Loi éternelle.

*Seul celui qui est sorti de la loi de causalité,
de la roue des réincarnations,
et qui est redevenu Loi absolue,
peut être guidé directement par Dieu*

La loi de causalité est énergie dégradée, le résultat des causes engendrées par tous les êtres de la chute, par tous les êtres humains et âmes chargés.

La Loi absolue s'écoule à travers la loi de causalité et conduit, en fonction des causes créées, toutes les âmes et tous les êtres humains encore liés à la loi de cause à effet. C'est la conduite indirecte.

Celui qui a réussi à sortir de la loi de cause à effet et ainsi de la roue des réincarnations – par la réalisation de la Loi éternelle – peut être guidé directement par Dieu parce qu'il est immergé dans la Loi absolue, Dieu.

En raison de la chute, une partie de l'énergie primordiale pure a été transformée et dégradée. La dégradation de cette énergie primordiale est allée si loin qu'elle a donné naissance dans l'univers à un degré de cristallisation appelé matière. La Terre, une partie de la matière dense, est le lieu où résident les âmes incarnées, les êtres humains.

Il est proposé à toute âme dans les aires de purification ainsi qu'à toute âme en habit terrestre d'évoluer spirituellement pour redevenir ce que Dieu a offert à l'être pur : la Loi absolue qu'il est lui-même devenu et est.

Cependant, tant qu'une âme s'incarne toujours et encore dans un habit terrestre, elle ramène à chaque fois les émotions et tendances de nature humaine qui subsistent encore en elle ; elle continue d'agir dans l'habit terrestre, par ses pensées et ses actes, sur les situations et les tâches qu'elle n'avait pas encore finalisées dans l'une de ses vies antérieures. Cela peut se faire à une autre époque, avec des possibilités et des moyens totalement différents. Toutefois, elle continue à y travailler et développe son propre complexe de pensées, jusqu'à ce que ce dernier prenne éventuellement une forme matérielle.

Ce n'est que lorsque l'âme et son enveloppe humaine s'éveillent à la spiritualité qu'elles commencent à mettre de l'ordre dans leur vie et à surmonter progressivement avec Moi, la force du Christ, les nombreuses formes-pensées et charges de l'âme qu'elles ont générées elles-mêmes. De cette manière, l'âme redevient pure et peut être ramenée à l'Absolu, par Moi, son Rédempteur.

Dieu offre inlassablement Son amour, également à travers la loi de causalité, aussi à la Terre, à chaque âme et chaque être humain. Les sept fois sept aspects de la Loi – qui sont en même temps des couleurs spectrales – affluent donc inlassablement à partir de la Loi fondamentale, la Loi d'airain, Dieu. Ils vivifient les âmes, les êtres humains et toutes les formes d'existence qui sont dans la loi de cause à effet.

Ces sept fois sept forces divines, les différents aspects de la Loi de Dieu, qui vont transformer tout ce qui est densifié et l'élever à la pureté, ont constamment été contrecarrées par des pensées, paroles et actions négatives, jadis par les êtres de la chute et maintenant par les êtres humains.

Aujourd'hui, peu de personnes et d'âmes ont évolué suffisamment pour sortir de la loi de causalité. La plupart des gens agissent quotidiennement contre la Loi absolue et continuent à créer des causes dans la loi de causalité.

Comme beaucoup d'anciens êtres de la chute ne respectaient pas la Loi absolue et que, par la suite, beaucoup d'êtres humains ont agi, et agissent encore, contre la Loi absolue, des points de croisement se sont formés – au cours de milliards d'années – aussi bien dans les planètes que dans leur atmosphère. De ces points de cristallisation émanent différents rayonnements, vibrations, couleurs et formes. Il en résulte des connaissances, des points de vue, des orientations et des impressions qui varient d'une époque à l'autre.

Malgré ces différences entre les époques, l'âme qui revient en tant qu'être humain commence toujours là où elle s'est arrêtée dans son évolution dans l'une de ses vies antérieures, ceci jusqu'à ce qu'elle s'éveille dans Mon Esprit et se laisse guider consciemment par la Loi de l'Amour.

Je le répète : Tout repose sur des vibrations. La matière avec sa structure et les habitants de la Terre, les êtres humains, sont eux aussi vibration.

La vibration des corps physiques est largement en accord avec le taux vibratoire de la Terre, car tous deux, l'être humain et la Terre,

sont de la matière, de l'énergie densifiée, cristallisée.

La matière a des mesures et un poids. Selon
les concepts humains, elle constitue un matériau
solide réel lié au cosmos, intégré dans le grand
tout et ayant sa fonction dans les univers, dans
l'Infini. Cette conception est relative. En effet, les
trois dimensions de la matière, liées à l'espace et
au temps, appartiennent à la loi de causalité, qui
est certes intégrée à l'Infini, mais qui est main-
tenue dans certaines limites par la Loi éternelle.

Pour celui qui limite sa conscience, sa pensée,
ses sentiments et sa volonté uniquement au temporel et à l'espace, la vie matérielle – l'existence
terrestre – est la réalité. Mais pour celui qui, par
des efforts spirituels, par l'accomplissement des
Lois saintes, se rapproche du Royaume intérieur
– dont J'ai dit : « Le Royaume de Dieu est au-de-
dans de vous » –, la matière a une existence relative. Il sait qu'elle est soumise non seulement au
changement, mais aussi à la transmutation.

Une personne spirituellement éveillée sait
que le corps terrestre appartient à cette Terre

et qu'il n'a été créé que pour cette Terre, qu'il n'est qu'un instrument ou un véhicule du corps spirituel qui habite en lui, l'âme. Cependant, beaucoup de choses deviennent possibles pour le corps spirituel, l'âme incarnée dans l'être humain, si l'âme et son enveloppe humaine, dans leur développement spirituel, aspirent à des idéaux et des valeurs plus élevés et les mettent en pratique.

Les valeurs qui ne sont pas seulement axées sur la vie ici-bas, mais qui ont une relation juste à la matière, une orientation plus spirituelle que l'orientation matérielle générée par les lunettes de l'égocentrisme, entraînent harmonie et paix. Si une âme est mûre et que son enveloppe humaine est orientée sur le Royaume intérieur, sur le Royaume de Dieu, elles apprennent toujours plus à connaître les Lois qui œuvrent éternellement et auxquelles, en fin de compte, la matière également est subordonnée.

La nuit, lorsque son corps est endormi, une âme mûre va chercher dans des sphères supérieures des connaissances et des impressions profondes. Elle les ramène dans l'habit terrestre, mais celles-ci sont recouvertes par la capacité d'assimilation de l'entendement qui est limitée au monde tridimensionnel.

Au cours de ses « périples » dans les sphères intemporelles, l'âme fait l'expérience que la matière n'est pas réelle, car dans la Loi éternelle, le temps et l'espace n'existent pas. Elle fait l'expérience qu'elle peut – sans corps – traverser des espaces et qu'elle n'est pas liée au temps.

C'est un processus similaire qui a lieu après la sortie de l'âme hors du corps, après la mort de celui-ci. Conformément à son développement et à sa maturité spirituels, l'âme se rend là où elle trouve ce qui lui ressemble, c'est-à-dire ce qui correspond à son être. Une âme désincarnée, dont la structure est de matière subtile, est en mesure de traverser toutes les sphères vibratoires qu'elle a ouvertes, développées. Cela signifie que ce qu'elle a atteint par une vie correspondant aux Lois divines est manifeste en elle, et c'est là aussi qu'elle peut se rendre.

Une âme éveillée se rend compte que ses biens, qui lui appartenaient autrefois dans l'habit terrestre, ne sont plus matière solide : elle passe à travers tout ce qu'elle considérait autrefois comme lui appartenant, qu'elle chérissait et soignait et qui était pour elle matière solide. Pour elle, ce qui est terrestre n'est soudain plus tangible. Ce n'est plus un matériau solide. Ce qui pour elle, en tant qu'être humain, était autrefois une réalité n'est désormais plus tangible ; c'est devenu irréel parce qu'elle se trouve dans un état de matière différent.

Si une âme éveillée peut déjà parvenir à cette prise de conscience et traverser le temps et l'espace, toute matière solide, combien, à plus forte raison, est-il possible à un être spirituel pur de tout traverser, lui dont la patrie est l'Infini, la matière subtile pure.

*Celui qui agit contre les Lois cosmiques
ou les modifie crée des dissonances et
des transformations dans tous les domaines
de vie au sein la Terre*

Chaque pensée négative et chaque acte contraire aux Lois divines ont toujours pour conséquence le rétrécissement de la conscience de ceux qui se sont ainsi détournés de la Loi éternelle. La somme de tous les manquements aux Lois a entraîné la limitation et la densification et, par la suite, la cristallisation, la matière, l'espace et le temps.

Il serait possible à l'être humain de transformer la structure matérielle et de ramener progressivement la densification à des niveaux vibratoires plus élevés, car il porte en lui les forces les plus élevées qui soient. Il est appelé à vivifier ces forces et à les utiliser selon la Loi divine.

De cette manière, la structure matérielle s'affinerait, car les sept forces fondamentales de la Loi universelle entreraient en action et conduiraient progressivement l'ensemble de la structure matérielle à se transformer. Mais cela ne peut se faire qu'à travers des personnes qui changent leurs habitudes de pensée et leur mode de vie et mettent en pratique la Loi éternelle de l'amour, de la paix et de l'unité.

Les quatre éléments, le feu, l'eau, la terre et l'air, constituent le système respiratoire de la Terre. Si l'être humain intervient régulièrement dans ce fonctionnement régi par la Loi, au fil du temps, c'est tout l'organisme qu'est la Terre qui est perturbé. De cette manière, les champs magnétiques de la Terre et les courants magnétiques – qui sont la loi de la Terre et des planètes et qui font partie de leur système solaire – sont impactés.

Vue de manière globale, chaque perturbation se répercute sur l'axe de la Terre.

Chaque transformation dans et sur la Terre entraîne à son tour une modification chez l'être humain et dans le monde animal ; elle déclenche une réaction correspondante dans le monde végétal et modifie même le rayonnement des minéraux.

Ce qui s'est passé en des temps anciens se produit également à l'époque actuelle : Celui qui modifie les sept forces fondamentales de l'Infini par une pensée erronée et un comportement contraire à la Loi ne crée pas seulement des dissonances au sein de la Terre – d'où résultent toujours de nouvelles transformations – mais également en lui-même.

Les interactions constantes, les dissonances dans toutes les formes de vie – qui modifient les formes, les couleurs et les sons – ont au fil du temps influencé les êtres humains, les règnes de la nature et l'ensemble du système solaire. Les comportements contraires à la Loi, où les forces cosmiques ont été utilisées à mauvais escient, ont régulièrement engendré un basculement des pôles, des éruptions et d'autres phénomènes similaires. Jusqu'à aujourd'hui, la Terre ne s'est jamais reposée.

Ainsi, celui qui intervient dans les Lois cosmiques et les modifie crée inéluctablement des dissonances dans tous les domaines de vie sur Terre et dans la Terre elle-même. Étant donné que chaque pensée, chaque parole et chaque acte est énergie – et qu'aucune énergie ne se perd –, aussi bien le positif, les pensées et actes en accord avec la Loi, que ce qui est contraire à la Loi se répercutent sur leur auteur, c'est-à-dire sur l'être humain et sur son âme.

*L'âme de la Terre est sa substance
vitale spirituelle et incorruptible.
L'être humain crée des dissonances dans
les formes de vie innocentes et
charge sa propre âme*

De même que chaque être humain a en lui une substance spirituelle appelée âme, chaque forme de vie possède une substance vitale, l'Esprit. La Terre, la planète d'habitation de l'être humain, possède elle aussi une substance spirituelle. Elle est appelée l'âme de la Terre.

L'âme de la Terre, qui est une partie de planète spirituelle des Cieux, n'a pas absorbé et n'absorbe pas les transformations de l'écorce terrestre. Ainsi, seul le filet extérieur, l'enveloppe matérielle, la Terre, se modifie, mais pas l'âme de la Terre.

L'âme de la Terre, la partie de planète spirituelle, n'accueille pas en elle les aspects négatifs de l'être humain. Par contre, l'âme dans l'être humain enregistre en elle aussi bien le positif que le négatif. Cela signifie que l'âme de l'être humain peut se charger, mais pas la partie de planète spirituelle, l'âme de la Terre.

Le « livre de la vie » est donc l'âme de l'être humain. Celle-ci enregistre aussi bien les pensées, paroles et actions positives que celles qui sont négatives.

Seul l'auteur du négatif peut se charger sur la Terre, pas les formes de vie innocentes – les minéraux, les plantes et les animaux – que Dieu a données à Ses enfants en vue de la conservation de leur enveloppe matérielle.

Les êtres humains, les minéraux, les plantes et les animaux devraient être dans une relation équilibrée : des rayonnements harmonieux devraient émaner de toutes les formes de vie, des rayonnements qui se complètent, se renforcent mutuellement et contribueraient au bien-être de l'humanité. Cependant, il n'en est pas ainsi, car l'être humain a créé des dissonances en lui-même et dans les règnes de la nature ; et il en résultera que chaque cause non réglée aura un écho, des effets, aussi bien sur la Terre que sur l'être humain. Ce que ce dernier inflige à la Terre retombe sur lui.

Entre le champ énergétique et magnétique de l'être humain et celui de la Terre, il existe une interaction permanente dans laquelle a lieu la loi de cause à effet

L'être humain est un ensemble d'énergies qui, en fonction de sa façon de penser et d'agir, crée ses propres champs énergétiques, c'est-à-dire des champs magnétiques. Chaque être humain possède donc des champs énergétiques et magnétiques qui correspondent à sa manière de penser et d'agir.

Entre ses champs magnétiques et ceux de la Terre, il y a une interaction constante : les réactions de la Terre se transmettent à l'être humain par l'interaction qui existe entre les deux, tout comme la manière d'agir de l'être humain a des répercussions sur les vibrations de la Terre. En raison de cette interaction entre l'être humain et la Terre, ce que l'être humain inflige à la Terre, sa planète d'habitation, il se l'inflige à lui-même.

La loi de cause à effet agit et a lieu en chaque pensée humaine. En chaque émotion et tendance humaine se trouvent déjà des semailles. Tant que l'être humain vit encore dans cette loi de causalité, ses pensées, ses paroles et ses actes sont à leur tour le prolongement de ses correspondances, de ses causes.

Ainsi, ce que l'être humain fait subir à ses semblables ou à ses prochains des règnes de la nature, les animaux, et à la Terre, il le récolte lui-même. Les champs magnétiques terrestres enregistrent toutes les actions des habitants de la Terre, les êtres humains ; et les courants magnétiques – les canaux enregistreurs du grand être qu'est la Terre – ramènent toutes les résonances, quelles que soient leurs retombées, positives ou négatives, à celui qui les a émises : l'être humain.

Ce que celui-ci fait subir à ses semblables et à ses prochains des règnes de la nature se grave dans sa propre âme. Cela est inscrit dans le livre de la vie qu'est l'âme. Comme tout repose sur des vibrations, l'être humain reprend et absorbe en lui la vibration qu'il a émise autrefois et qu'il émet encore maintenant.

Les champs magnétiques terrestres enregistrent chaque dissonance, surtout les actes humains violents provoquant des perturbations considérables dans l'espace aérien ainsi que sur et dans la Terre, comme des essais nucléaires et autres. Toute dissonance est relayée par les courants magnétiques, les canaux enregistreurs des champs magnétiques terrestres que l'on peut également qualifier, au sens figuré, de nerfs de la Terre.

Les champs magnétiques terrestres constituent des domaines vibratoires de différentes natures, chacun d'entre eux étant respectivement appelé champ magnétique terrestre. Ils sont les « points nerveux » de la Terre, et en même temps les miroirs de la planète d'habitation. Si ces miroirs de la Terre sont modifiés et troublés par le mauvais comportement de l'être humain, cela se répercute sur l'ensemble de la Terre : dans le climat, dans les règnes de la nature et sur l'être humain. Les courants magnétiques modifient même le comportement des animaux.

De même qu'il est fréquent que l'instinct des animaux se modifie et que ces derniers deviennent ainsi souvent imprévisibles, un processus semblable se produit chez les personnes liées à la Terre. Le tonus de leur corps se relâche. Elles deviennent dépressives et agressives.

Les caractéristiques du monde végétal changent également : beaucoup de plantes hautement évoluées disparaissent et des espèces inférieures voient le jour.

Les forces négatives, destructrices,
qui émanent de l'être humain affaiblissent
les forces de son âme et de son corps
et mènent à des coups du destin
et à des maladies

Des courants magnétiques harmonieusement équilibrés seraient bénéfiques aux nerfs affaiblis de l'être humain. Ils pourraient régénérer et fortifier un organisme affaibli. Cependant, ce qui est déterminant, c'est l'attitude de chacun envers la Terre.

Si une personne est en harmonie et ainsi en accord avec la Vie, alors elle récoltera en retour de l'harmonie. L'harmonie est synonyme de « symphonie », c'est-à-dire d'unisson entre l'âme et le corps. L'harmonie est une force fortifiante et stabilisante pour l'âme et l'être humain. Celui qui oriente sa vie positivement en pensées et en paroles, qui s'efforce de parvenir à l'unité avec toutes les formes de vie, absorbera, activera et renforcera également en lui les forces positives.

L'inverse se produit lorsqu'une personne développe des forces négatives, destructrices. Les forces négatives, destructrices, agiront sur elle et l'inciteront à commettre d'autres actes négatifs. Il en résulte, au cours de sa vie ou de ses vies, que les forces de son âme et de son corps diminuent et que des indispositions, des coups du destin et des maladies font leur apparition, remplaçant le bonheur, la satisfaction et la santé.

Mais si une personne a un comportement positif, aussi bien envers son prochain qu'envers son environnement, elle attirera également les forces positives encore présentes dans les courants magnétiques. Ces forces, si nécessaire, fortifieront et renforceront son champ magnétique.

Dans l'existence terrestre tout est relatif. Le négatif contient également des dispositons positives. Celui qui mène une vie désintéressée, positive, sera également en mesure de voir le positif dans le négatif, de l'affirmer et de l'encourager.

Et les énergies élevées, nobles et pures servent à leur tour celui qui active les forces positives.

Prenez donc conscience que la Loi spirituelle de l'attraction pour les êtres spirituels, les âmes et les êtres humains est la suivante : « Les semblables s'attirent sans cesse » ou « ce qui se ressemble s'assemble ».

Celui qui vit dans la loi de cause à effet devrait chaque matin réfléchir au fait que chaque cause, tout ce qui est négatif – qu'il s'agisse de sensations, de pensées, de paroles ou d'actes – crée des causes. Toute cause porte déjà en elle le germe de l'effet. Un effet peut à son tour donner naissance à une nouvelle cause si la personne concernée ne prend pas à temps conscience de ce qui a engendré cet effet et continue ainsi à enfreindre la Loi d'airain. Mais si elle reconnaît à temps la cause qu'elle a créée, qu'elle s'en repent et s'efforce de réparer ce qui est négatif, alors il n'est plus nécessaire que d'autres effets se produisent ou seulement dans une moindre mesure, selon la nature et l'intensité de cette infraction.

Ce que l'être humain sème, il le récoltera. De même, ce qu'il inflige au grand être qu'est la Terre, retombe sur lui.

Le Tout-Puissant a dit : Soumettez-vous la Terre. Il n'a pas dit : Exploitez-la et maltraitez la vie, les plantes et les animaux. Oui, même les pierres ressentent l'harmonie et la dysharmonie des êtres humains ! Ceux-ci ont donc le devoir d'encourager les énergies positives, de les gérer et de les utiliser de bonne manière, c'est-à-dire selon la Loi éternelle de l'amour et de l'unité.

Par exemple, modifier les atomes, provoquer leur fission et les utiliser est contraire à la Loi de l'amour et de la paix. Cela va à l'encontre de l'harmonie universelle, Dieu.

Tout ce qui provoque une dysharmonie est négatif et la teneur de cette cause porte déjà en elle le germe de la destruction. Toute dissonance, peu importe quand, où, par qui ou quoi elle a été et est provoquée, perturbe l'harmonie et contribue – si l'on rapporte cela à la somme des êtres humains – à perturber tous les domaines de la vie.

Tout comme l'harmonie et la dysharmonie sont enregistrées par le champ terrestre et transmises aux canaux enregistreurs, les nerfs de la Terre, le champ magnétique de celle-ci, de la même manière elles se transmettent aux animaux et en particulier à la créature la plus élevée de cette Terre, l'être humain : ses nerfs se crispent, ses énergies vitales diminuent et il tombe malade. En raison de la faible intensité lumineuse de l'âme et du corps, les organes deviennent réceptifs et vulnérables aux maladies, aux virus et aux bactéries nuisibles.

Les vibrations négatives ont donc été et sont à l'origine de crispations du système nerveux et des organes. La circulation sanguine, en particulier, en est considérablement perturbée, ce qui donne à son tour naissance à certaines maladies.

Le sang est la substance porteuse de la vie matérielle. Si le sang est en mauvais état, c'est tout l'organisme qui peut en être affecté. Si la Terre, avec ses forêts, ses mers, ses lacs et ses rivières, ne produit plus assez d'oxygène, dont l'être humain a besoin pour respirer, alors le sang sera lui aussi encrassé, ce qui affaiblira les organes et réduira leurs capacités de défense. Comme le sang irrigue l'ensemble de l'être humain, un sang malsain affecte simultanément plusieurs organes et d'autres substances et éléments du corps humain.

Chaque maladie a sa cause. Il est aussi possible que cette cause ait été créée dans une vie terrestre antérieure. L'âme apporte avec elle les aspects positifs et négatifs qu'elle s'est appropriés dans ses vies antérieures

Toute indisposition ou maladie a une cause. La cause n'a pas forcément été engendrée dans cette vie terrestre. Les effets qui se manifestent dans cette incarnation proviennent de l'âme. La cause d'une maladie peut donc s'écouler d'une âme chargée qui, au cours de différentes incarnations, s'est sans cesse chargée de nouvelles fautes.

Une âme peut s'incarner et parcourir en habit humain de nombreuses vies terrestres jusqu'à ce qu'elle soit prête à suivre le chemin spirituel de la purification, de la mise en ordre de son moi inférieur – par des prises de conscience, la mise en pratique des Lois divines et l'acceptation de Mon acte de rédemption – et fasse ainsi grandir la lumière rédemptrice qui agit en elle. Chaque âme et chaque être humain devront tôt ou tard – dans cette vie terrestre ou dans d'autres, ou en tant qu'âme dans les aires de purification – purifier leur âme, afin de redevenir consciemment à l'image du Père éternel.

Celui qui ne maîtrise pas sa vie, qui n'ennoblit pas son être, ajoute toujours de nouvelles causes aux anciennes, même si c'est d'une manière différente, à savoir selon les habitudes de vie des époques où l'âme se réincarne et apporte avec elle ce qui n'a pas été réglé, réparé, dans ses vies antérieures.

L'âme réincarnée rayonne donc ce qu'elle s'est appropriée au cours de ses vies antérieures. Son aura reflète ses bonnes et ses mauvaises pensées et actions. Ce sont des souvenirs et des correspondances. Ils déterminent l'attitude intérieure d'une personne envers la vie, attitude à partir de laquelle elle pense et agit. Ce faisant, elle crée de nouvelles formes-pensées et, conformément à son comportement, attire à nouveau des choses semblables.

Des personnes qui, dans leur vie antérieure, ont pensé et vécu en fonction des critères du monde et qui étaient centrées sur la matière penseront et travailleront également de la même manière dans cette existence terrestre – jusqu'à ce qu'elles s'éveillent à la spiritualité et changent progressivement leur façon de penser.

Une âme continue à promouvoir et à développer dans cette existence ce qu'elle a approuvé et promu au cours d'une vie antérieure et qui n'a pas encore été réglé. Les scientifiques, par exemple, se consacrent à nouveau à la fission des atomes pour obtenir de l'énergie nucléaire. Les médecins continuent à pratiquer des transplantations d'organes et les hommes d'Église persécutent à nouveau ceux qui ont des convictions différentes des leurs. Ainsi, les mêmes âmes continuent à faire des choses identiques et similaires, certes dans d'autres corps humains et avec une apparence différente, mais en étant imprégnées du même rayonnement. C'est de cette façon qu'au cours d'incarnations successives, une âme construit sans cesse un peu plus le destin qu'elle devra endurer. Beaucoup de causes sont sans cesse créées et de nombreux effets s'ensuivent.

L'être humain s'est détourné de Dieu et
a perdu le contact avec la création.
Il ne connaît pas les moyens de
mener une vie heureuse et en bonne santé.
Il s'est créé des dieux terrestres

Celui qui est prisonnier de ce monde M'objectera – à Moi, le Christ – ce qui suit : Il est nécessaire de faire des expérimentations afin de sauvegarder la vie sur cette Terre, car l'être humain a besoin de nourriture, de vêtements, de charbon, d'électricité, de pétrole et de nombreuses matières premières et autres ressources, afin de rendre la vie aussi agréable que possible. Nous avons besoin de moteurs, d'avions, de bateaux, de voitures et de bien d'autres choses encore pour nous déplacer plus rapidement. Nous avons besoin de médicaments et d'hôpitaux. Nous avons besoin de maisons pour nous loger. Nous avons besoin d'usines pour produire des aliments, des vêtements et bien d'autres choses. Nous avons besoin de tout cela – et de plus encore – pour pouvoir vivre.

Voici Ma réponse, celle du Christ :

Ô, élève-toi à la spiritualité, afin d'élargir ton horizon spirituel et de pouvoir ainsi bien utiliser et gérer l'abondance qui vient de Dieu, ton héritage spirituel.

Les astres et les règnes de la nature montrent comment l'être humain peut vivre. La nature s'est offerte et s'offre de multiples façons. Mais l'être humain se met au-dessus de ce don, la nature, et voudrait être indépendant d'elle. Les astres montrent à l'être humain comment les rayonnements pourraient être utilisés et comment des énergies pourraient être générées.

D'un côté, l'être humain aspire à l'indépendance, de l'autre, il se lie à ses découvertes qui, comme il peut déjà le constater, ne lui seront d'aucune utilité à long terme. En effet, tout ce qui n'est pas en accord avec les lois de la nature sera fatal à l'être humain.

Si une personne est égocentrique, c'est-à-dire uniquement centrée sur elle-même, elle est également liée à l'ici-bas. C'est pourquoi elle ne perçoit pas les innombrables moyens qui lui permettraient de mener une vie heureuse et en bonne santé, elle n'en prend pas connaissance.

En revanche, Dieu qui est l'abondance est au service de celui qui inclut les règnes de la nature et le firmament dans sa vie, sa pensée et ses actes, qui respecte et estime la vie, quelle que soit la forme sous laquelle elle se présente, à travers les plantes, les animaux ou les pierres. Une telle personne prendra conscience du grand trésor qui est en elle et autour d'elle, et en fera l'expérience.

132

L'être humain ne peut percevoir et recevoir ce trésor issu de l'Esprit – cette abondance – que s'il se comporte comme un être cosmique, ceci en réalisant les Lois éternelles. Dans ces conditions, les forces de l'Infini se mettent à son service. S'il les accepte avec reconnaissance, en menant une vie dans l'Esprit, d'innombrables possibilités se révèlent alors à lui, qu'il peut mettre à profit pour son salut et son plus grand bien.

Pour cela, l'être humain doit tout d'abord opérer un changement profond : se libérer progressivement de son lien à l'ici-bas, au monde, pour penser toujours plus de manière spirituelle, être orienté sur le divin, reconnaître la Source de toute existence et vivre également d'après les Lois cosmiques.

L'humanité s'est de plus en plus détournée de Dieu, son Seigneur, pour se tourner vers des choses et des valeurs extérieures, vers ses propres réalisations. Ce faisant, l'intellect a été surestimé et la confiance en Dieu, en la force suprême, s'est largement perdue.

De nombreuses personnes vivent comme des païens. Elles ont leurs dieux qu'elles vénèrent. Le premier est le « dieu » Mammon qui a fait des êtres humains ses serviteurs et ses esclaves. Les autres dieux sont le prestige, le pouvoir et la soif de reconnaissance.

Les temps sont proches où il deviendra de plus en plus évident que ni les dirigeants ecclésiastiques, ni les hommes et femmes d'État, ni les scientifiques ne peuvent sauver l'humanité. C'est pourquoi davantage de personnes se tourneront à nouveau vers la croyance en une force supérieure afin d'y trouver un soutien.

Les grands de ce monde et leurs partisans ne pourront pas empêcher le chaos mondial qui s'esquisse – malgré des mesures et des dispositions toujours nouvelles qui ne font que donner naissance à d'autres complications. Quoi qu'ils fassent et qu'ils considèrent comme bon et utile, cela conduit à d'autres complications et donne ainsi naissance à de nouvelles causes dont le germe laisse déjà pressentir les effets.

Celui qui est éveillé en prendra conscience et changera de façon positive. Par contre, celui qui « dort » tombe dans la fosse qu'il a lui-même creusée.

Celui qui est prisonnier du monde est partial et ne voit les évènements qu'à partir de sa propre perspective et de la manière dont cela pourrait être profitable pour lui, en tant qu'être humain. Celui qui est partial est prisonnier de ses conceptions et de ses désirs.

Tout ce qui est temporel est soumis au changement et celui qui est orienté sur les valeurs de ce monde est soumis à ses propres conceptions. Une personne qui ne croit qu'à l'existence de trois dimensions pense de manière limitée.

Elle ne peut transmettre que ce qui est limité et ne créer aussi que des choses humaines. Celui qui ne pense que selon des modèles, des schémas, reprendra l'idée de son prédécesseur et la développera selon ses propres modèles ou schémas mentaux. Avec son schéma mental, il peut, dans certaines circonstances, influencer de nombreuses personnes et même introduire une nouvelle époque qui, cependant, contient toujours en elle le germe de causes générées dans une époque précédente. Il peut en résulter une modification du rayonnement de la Terre et de l'état d'esprit de ceux qui vivent à cette époque.

La plupart des habitants de la Terre ne peuvent pas s'imaginer qu'une vie selon les Lois de l'Infini peut s'exprimer à travers des aspects tout à fait différents que ceux de la nourriture, du logement, de l'habillement, de l'électricité et de l'exploitation des richesses du sol.

L'abondance du grand tout se trouve en tant qu'essence en toute chose, en chaque être humain, dans la Terre et tout ce qu'elle porte, ainsi que dans le firmament. Cependant, l'humanité doit tout d'abord s'éveiller et s'élever à la connaissance spirituelle. Elle doit tout d'abord admettre et chercher à réaliser les idéaux et valeurs intérieurs, afin de pouvoir accéder à son héritage spirituel. Ce n'est qu'à ce moment-là que les possibilités insoupçonnées qui mènent à la santé, au bonheur, à la paix et à l'amour peuvent s'ouvrir à elle. Il pourrait en être sur la Terre comme au Ciel.

Pour que cela se produise, les responsables de ce monde mais aussi sa population doivent complètement changer leur façon de penser.

Il est écrit : « Le Royaume de Dieu est en vous. » Le Royaume de Dieu ne peut venir sur cette Terre et y devenir visible que si chacun individuellement accède au Royaume de Dieu en lui.

Celui qui vit selon les Lois éternelles transforme sa vision égocentrique et tridimensionnelle du monde ; elle devient universelle. Une personne capable de penser et de vivre de manière universelle puise à partir de la Source de la

Vie qui est inépuisable. Elle devient créative et œuvre pour le bien de beaucoup.

Celui qui ne cherche pas à atteindre le principe fondamental de la Vie, Dieu, et qui ne s'efforce pas de vivre selon les règles spirituelles de l'éthique reste prisonnier du monde, dominé par ses pulsions et ses passions. Il imprègne le monde de son caractère et de sa nature rustres et, avec ses pareils, le conduit à la ruine matérielle.

Si chacun s'efforçait d'ennoblir ses cinq sens, son caractère pourrait également s'affiner. Le monde serait plus parfait et les êtres humains en meilleure santé. La paix pourrait alors régner parmi eux. La vie serait complètement différente. Tout ce qui caractérise aujourd'hui celui qui est orienté sur les valeurs de ce monde, son désir de posséder et d'avoir, pourrait être transformé en une mise en pratique de la communauté et de l'unité. De cette façon, le monde se spiritualiserait et la puissance de Dieu pourrait prendre les commandes de manière visible.

L'être humain est un enfant de Dieu, doté du libre arbitre. En tant qu'enfant de Dieu, il lui est possible d'exercer une influence sur toutes les sphères vibratoires, qu'elles soient de nature supérieure ou inférieure, ceci en fonction de ses pensées et de ses actes. Par sa manière de penser et d'agir, il peut donc avoir une influence sur différentes sphères vibratoires qui correspondent chacune à son rayon d'action spirituel et physique. Il peut influencer aussi bien les forces positives que les forces négatives. Les forces positives qu'il développe et qu'il absorbe le fortifient et produisent en lui santé et bien-être. Les forces négatives, par contre, l'influencent, lui et d'autres. Elles réduisent sa vitalité spirituelle et physique, ce qui se répercute ensuite sur les vibrations correspondantes d'autres personnes.

Tant que les habitants de la Terre resteront avides de plaisirs, n'aspirant qu'à assouvir leurs passions, à s'enrichir, à être considérés, à posséder des biens et à profiter de jouissances culinaires, la paix ne régnera pas sur cette Terre et le monde ne deviendra pas meilleur. Tout au contraire, ils se battront de plus en plus entre eux. Leur comportement erroné et récurrent rendra la terre stérile. L'humanité, c'est-à-dire chacun individuellement, devrait apprendre à se contenter de moins de choses, afin qu'un changement d'état d'esprit puisse s'opérer au sein des différentes nations.

Si les êtres humains parviennent à une évolution spirituelle, à une refonte et à une transformation de leur vie actuelle, égocentrique, ils prendront de plus en plus de distance avec les découvertes humaines actuelles, avec le monde hautement technicisé, avec les jouissances culinaires et les passions. Par contre, plus les êtres humains s'éloignent du courant divin, moins ils possèdent de force vitale spirituelle. En conséquence, ils se tournent automatiquement vers des choses extérieures et cherchent des distractions dans le monde, car leur intérieur s'est appauvri. Ils ne parviennent plus à accéder au Royaume de l'intérieur et ont ainsi toujours plus besoin de sources extérieures pour pouvoir vivre. Ils ont également besoin de plus de nourriture et portent atteinte au monde animal : ils deviennent des bouchers et des mangeurs de viande. Ils s'adonnent à la consommation d'alcool et de tabac, et sombrent de plus en plus dans une vie dominée par les passions.

Mais si la Loi, la Vie, s'éveille toujours plus fortement chez une personne, alors la plénitude spirituelle – l'héritage de Dieu – s'éveille aussi dans son âme. C'est la force qui permet de parvenir à la vie véritable, plus élevée et plus sobre.

*Une orientation positive sur le divin,
c'est-à-dire une évolution spirituelle
de l'humanité, permettrait que tout –
de la vie de chaque être humain
jusqu'au système solaire – passe à
une vibration plus élevée*

Celui qui s'efforce d'atteindre des idéaux et valeurs supérieurs, d'accomplir les Lois éternelles, n'éprouvera et ne ressentira pas seulement intuitivement ce dont l'humanité, les peuples, ont vraiment besoin, il sera avant tout guidé et nourri par la source primordiale, Mon Père.

Si de nombreuses personnes avaient une manière de penser et de vivre correspondant aux Lois divines, leur environnement se transformerait aussi. Dès que l'environnement d'une personne change de façon positive, la vibration de la planète d'habitation qu'est la Terre s'élève automatiquement. Il en résulterait des formes de vie plus développées, aussi bien au niveau du règne végétal que du règne animal. Le monde végétal se transformerait. Des formes de vie supérieures, d'une plus grande intensité lumineuse, rayonneraient en direction de l'âme et de son enveloppe humaine, éveillant ainsi en elles d'autres forces positives, des forces de guérison et de Vie. Le monde animal se transformerait également et gagnerait en force lumineuse. La Terre produirait des fruits plus rayonnants, plus gros et plus sains, beaucoup plus riches en substances fortifiantes pour l'âme et le corps.

Les forces de la Terre pourraient offrir à l'être humain des choses insoupçonnées : une vie de bonheur et de paix ! Des personnes en bonne santé et harmonieuses vivraient en bonne entente et prendraient soin de la Terre de manière juste.

Les pensées sont des forces. Des pensées positives, divines, et des actes en accord avec la Loi ne modifient pas seulement le rayonnement de la Terre de façon positive, constructive, mais également tout le système solaire. L'orientation positive de l'humanité sur le divin pourrait élever la vibration de tout le système solaire. Ce qui a une vibration plus élevée reçoit également davantage de forces de la Loi éternelle, Dieu. Le développement spirituel de l'humanité entraînerait une transformation de ce qui est bas en ce qui est élevé : si, par une vie pure, une personne ordonne les sept fois sept forces spirituelles qui agissent en elle, l'abondance de Dieu, et qu'elle peut ainsi y puiser, des possibilités insoupçonnées lui sont offertes. La réalisation des Lois éternelles aurait pour conséquence la conduite directe par l'Esprit de Dieu, et Dieu, dont ils auraient conscience, se trouverait au milieu des Siens.

Cependant, tant que la plupart des gens ne s'orienteront que sur le monde des apparences terrestres, sur des personnes ayant des capacités et qualités terrestres, le rayonnement de la Terre se modifiera de plus en plus et les vibrations baisseront, seront dégradées – aussi bien les vibrations spirituelles que physiques et celles de la planète Terre. De cette manière, l'ensemble du rayonnement de la Terre se modifie de plus en plus.

Ce que les habitants de la Terre lui ont infligé depuis le début et qui n'est pas réglé, réparé, agit sur les auteurs de ces agissements. Soit leurs âmes s'acquittent de ces charges dans les aires de purification, soit elles se réincarnent avec leurs causes jusqu'à ce que celles-ci soient en grande partie réglées, effacées.

Si les pensées et aspirations des habitants de la Terre restent prisonnières du monde, alors ils ajouteront sans cesse de nouvelles charges à celles qu'ils ont déjà. De cette manière, ils ne créent pas seulement de nombreuses causes en eux-mêmes, mais également dans et sur la Terre.

Ces causes peuvent être diverses : Il peut s'agir de pensées négatives de haine et de jalousie, ou encore de calomnies et de dénigrement. Les âmes s'acquittent ensuite de ces causes à travers leurs effets, auprès de personnes qu'elles doivent servir ou avec lesquelles elles doivent vivre toute leur vie parce qu'elles ont jadis commis des fautes ou des péchés à leur égard.

Il est possible que des actions négatives soient commises contre la Terre, par exemple en raison du traitement de l'atome et d'essais nucléaires. De telles causes ont des effets étendus : elles agissent sur toute la Terre, dans les mers, les lacs et les fleuves, dans les veines d'eau souterraines, dans l'atmosphère, sur les êtres humains et sur les animaux.

Même celui qui ne fait qu'approuver ces causes lourdes de conséquences porte sa part de responsabilité pour toutes les souffrances qui en résultent. Il s'agit alors d'un « karma collectif » ou d'un « karma de groupe », un karma commun à de très nombreuses personnes.

Chacun devrait se poser cette question : Comment la planète d'habitation Terre se comporte-t-elle vis-à-vis de tous les êtres humains qui ne la respectent pas, mais au contraire la polluent et maltraitent ainsi la Vie ? Chacun devrait se demander si lui aussi a une part dans ce karma collectif ou s'il veut en avoir une !

De nombreux scientifiques, par exemple, ne mènent des recherches que dans le domaine matériel. Ils voient dans l'existence matérielle la seule réalité et la seule possibilité de pouvoir rassembler des expériences leur permettant de devenir éventuellement célèbres. Peu d'entre eux prennent en compte les autres domaines de la vie, invisibles pour eux, la force préservatrice qui est la Vie dans la matière, qui maintient les choses matérielles et les formes de vie, donc la Loi qui est active derrière la matière. Pour beaucoup, la force invisible, la Loi absolue, est une vision mystique des choses qui ne semble pas réalisable.

Tant qu'une personne ne s'analyse pas elle-même pour savoir qui elle est réellement, elle ne connaît que son apparence. Autrement dit, elle ne se connaît que superficiellement. Celui qui ne se connaît pas lui-même cherche alors seulement à se faire valoir dans le monde et crée ainsi de nombreuses causes.

L'être humain est cependant un être cosmique qui porte en lui un corps spirituel appelé âme. Il est impossible de mesurer et de peser une âme parce qu'elle est purement spirituelle et que sa vibration est complètement différente de celle de l'énergie matérielle.

La Loi éternelle – c'est-à-dire la Vie qui agit derrière la matière, derrière le monde tri-dimensionnel – ne se révèle qu'à celui qui s'analyse tout d'abord lui-même et qui reconnaît qui il est et ce qu'il est. Celui qui cherche à réaliser les Lois éternelles qui agissent en l'être humain et en toute existence, et qui les applique correctement dans le monde et envers la Terre, puisera dans la sagesse divine et accédera à la vérité intérieure.

Il devient alors un vrai chercheur, un mystique authentique qui par l'accomplissement des Lois divines pénètre dans la profondeur de sa conscience et obtient ainsi intuition et révélation. Il prend ainsi conscience de ce qu'il faudrait faire pour que l'humanité et la Terre retrouvent la santé, pour que la paix règne dans le monde et y remplace la haine, la jalousie, la discorde et la guerre.

L'être humain est un prisonnier de son moi et de sa conscience limitée

Dieu est énergie. Dieu est une force atomique spirituelle ; l'être humain peut chercher à la connaître et elle peut agir à travers lui.

Lorsque l'énergie qu'est Dieu devient active chez un être humain, elle rayonne à travers lui et agit ainsi pour le bien d'un grand nombre.

Quand une personne enfreint les lois de ce monde, elle est condamnée à une peine, soit une amende, soit une privation de liberté qu'elle doit purger dans une prison. Celui qui n'est pas avec Dieu est contre Dieu. Il sème et récolte l'obscurité – pour lui et pour beaucoup de personnes qui croient en lui et qui accomplissent des faits semblables ou identiques.

Il en va de même pour l'âme et son enveloppe humaine lorsqu'elles enfreignent la Loi éternelle : la conscience de l'âme se réduit. Elle est recouverte par le moi humain. Une telle personne est égocentrique, centrée sur son moi. Elle est donc prisonnière de son propre moi. Cette prison du moi sont les barreaux à travers lesquels elle regarde et ne voit que ce qu'elle considère comme correct, bon et vrai. Le moi voit le monde tel que le moi se voit lui-même et tel qu'il se manifeste dans le monde. De cette manière, celui qui est orienté sur les valeurs de ce monde façonne son propre monde et exerce ainsi une influence sur son environnement.

Plus une personne est intellectuelle, plus sa conscience est étroite. Elle est prisonnière de son moi.

Les dirigeants des peuples ainsi que les scientifiques et les théologiens doivent changer. Tant qu'ils s'aident et se soutiennent réciproquement, dans le sens du monde, les différents peuples sur la Terre et chacun individuellement progresseront peu, car c'est le pouvoir extérieur qui les dirige.

Rares sont les grands de ce monde qui s'efforcent de comprendre les Lois spirituelles et les instructions données par la Vie, grâce auxquelles l'humanité pourrait guérir et se libérer du joug qu'elle s'est imposé, ce qui lui permettrait d'échapper à son destin. Des personnes prisonnières du monde ne font que se créer des problèmes à elles-mêmes et à leurs semblables. Qu'il s'agisse de scientifiques ou de thélogiens, de telles personnes ne sont pas les vrais « savants » et par conséquent pas non plus les vrais mystiques, capables d'explorer et de voir dans les profondeurs de la vie ! Tant que la danse autour du veau d'or, à savoir autour des biens, du prestige, des honneurs et de l'argent, ne s'arrêtera pas, il ne peut pas non plus y avoir un monde meilleur qui préserve et nourrit l'être humain.

Cependant, une nouvelle humanité s'éveillera ! Beaucoup de gens vont changer leur façon de penser. Ils sont les façonneurs du genre humain spirituel qui vit en amitié avec la Terre et qui voit celle-ci comme un grand organisme vivant prêt à servir l'être humain en le nourrissant.

La Terre, un organisme vivant,
est fortifiée par le rayonnement cosmique.
Tous les actes contraires à la Loi de Dieu
modifient le rayonnement, créent
des fréquences dysharmonieuses et
perturbent l'équilibre des forces dans
toutes les formes de vie de la Terre.
Traitement de l'atome, déplacements de terre,
pillage des richesses du sol, déplacement
de l'axe de la Terre

L'organisme vivant qu'est la Terre est fortifié par le rayonnement cosmique. Cependant, toutes les substances présentes dans la Terre sont nécessaires à cela ; ce sont elles qui constituent le milieu favorable dans lequel le rayonnement pénètre et stimule la Vie.

C'est là la Loi éternelle : Dans tout l'Infini, rien ne peut se transformer ou se former sans l'action de la force éternelle, la Loi d'airain. Si le sol ne contenait pas les substances de certains métaux, minéraux et autres, alors le rayonnement cosmique ne pourrait pas fertiliser la planète Terre, encourager la croissance et ainsi, pas non plus stimuler les substances que contient la terre pour qu'elles se multiplient. C'est pourquoi, l'être humain commet une grande faute lorsqu'il pille la Terre et procède à des déplacements massifs de terre. Ce faisant, il modifie le rayonnement cosmique dans la Terre et à sa surface.

Tout devrait croître de manière naturelle, mais l'être humain ne cesse d'interférer dans la vie. Il a croisé et croise comme bon lui semble des espèces végétales ainsi que des animaux. Il est inventif et cherche sans cesse à produire de nouvelles espèces végétales et animales. Au fil du temps, il en résulte un rayonnement totalement modifié, car la Terre – comme toutes les autres planètes – est elle aussi une forme de vie faite de rayonnement, orientée sur la vie cosmique, sur le rayonnement qu'est Dieu. L'être humain aussi est une forme de vie faite de rayonnement. S'il le modifie par des pensées, paroles et œuvres négatives, il tombe malade. Tant que l'être humain ne changera pas, ne pensera et ne vivra pas de manière cosmique, il ne cessera de faire des expérimentations parce que son âme est à la recherche de ce qu'elle a perdu au cours de nombreuses incarnations : la lumière, la pureté et la beauté.

Toute manière d'agir contraire à la Loi modifie le rayonnement cosmique au sein de la sphère terrestre. Par exemple, les nombreux angles et arêtes des maisons et des meubles rompent le rayonnement cosmique. Chaque objet anguleux modifie la vibration et la fréquence non seulement en lui-même mais crée aussi, en fonction du matériau, des fréquences dysharmonieuses dans un vaste périmètre. Considérées dans leur ensemble, les forces ainsi modifiées agissent à leur tour sur l'être humain et sur les règnes de la nature. Même les constructions appelées gratte-ciel, censées être au service des gens – car les habitants de la Terre sont de plus en plus nombreux et les terres cultivables toujours plus précieuses –, émettent des vibrations et des forces qui n'influencent pas seulement la ville où elles se trouvent, mais aussi l'atmosphère qui agit à son tour sur les êtres humains.

Ô, comprends ceci : Si une balance est en équilibre et que tu poses soudain une brique sur l'un des plateaux, voire que tu la jettes dessus, que se passe-t-il alors ? La balance penchera fortement d'un côté, et si tu jettes la brique sur le plateau, la balance risque de se tordre, voire de se casser.

Ô, prends conscience que tu agis de même avec la Terre. L'axe de la Terre a entre autres pour fonction de la maintenir en équilibre. Mais que fait l'être humain ? Par des forces négatives et agressives, il agit sur la balance de la Terre.

L'être humain possède certaines connaissances en matière de rayonnement. Malgré ses connaissances sur les dangers qui menacent la Terre sous l'effet de nombreuses causes comme le traitement de l'atome, l'exploitation minière et les excavations, il continue à l'exploiter de façon inconsidérée.

Les grands tunnels à travers les montagnes et les mines de charbon souterraines entraînent également une modification de l'axe de la Terre. De tels déplacements massifs de terre et de pierres modifient son rayonnement ainsi que son axe.

L'être humain pille les ressources pétrolières de la Terre et les transforme en les associant à d'autres substances, afin d'élaborer divers produits dont il pense avoir besoin pour vivre.

Que peut apporter une planète pleine de trous et en partie vidée de sa substance ? Dans quel état peut bien être la balance de la Terre ?

Les nombreuses causes, petites et grandes, cumulées les unes aux autres ont un impact considérable sur chaque être humain. Celui qui ne s'efforce pas de préserver ou de rétablir l'harmonie, l'unisson des forces en lui, en souffre.

La somme de tout ce qui est contraire à la Loi est cause de maladies, de souffrance, de détresse, de misère, de famine, d'épidémies, de catastrophes et de guerres : Ce que l'homme a semé et sème, il le récoltera.

L'être humain cherche à explorer tout ce qui lui est encore inconnu. Il veut cerner l'extérieur et oublie ainsi le point central, la Vie, l'Esprit qui préserve et meut toutes choses.

Par ignorance et manque de discernement, l'être humain effectue des déplacements de terre massifs et d'autres choses semblables, ce qui modifie également la structure atomique de la Terre. En effet, l'intensité lumineuse des atomes matériels – qui sont en définitive les éléments constitutifs de la Terre – est ainsi transformée. Leur vibration s'en trouve alors modifiée.

Les atomes matériels maintiennent la cohésion de la structure de la Terre et assurent la communication avec le rayonnement cosmique. Si celle-ci est perturbée, parce que des déplacements de terre ou des modifications de la structure atomique changent la fréquence vibratoire des atomes, il en résulte inévitablement des dissonances à l'intérieur de la Terre et à sa surface. Les effets de ces forces dysharmonieuses se font sentir en conséquence dans les règnes de la nature et aussi chez l'être humain.

Le fondement de toute existence est cependant l'Esprit. Un atome matériel n'est rien d'autre qu'un atome spirituel cristallisé qui, au cours de milliards d'années, s'est entouré de différentes forces vibratoires, sous l'effet de déplacements massifs ou de changements de son intensité de rayonnement.

Les éléments constitutifs de la matière, quel que soit le nom que l'être humain leur donne, atomes, molécules ou particules élémentaires, ne sont rien d'autre que des énergies divines dégradées. La lumière s'est cristallisée sous l'effet de sensations, pensées et actions erronées. On l'appelle matière ou substance solide.

Ce qui n'est pas salutaire à l'être humain n'est pas non plus bénéfique à la Terre. Et ce qui n'est pas bon pour la vie de la Terre n'est pas non plus salutaire pour l'être humain. Il faut comprendre que ce dernier est en fait un produit de la Terre et qu'il est ainsi identique à elle. Si la Terre est malade, alors le produit, l'être humain, le sera aussi.

L'exemple suivant te permettra de comprendre comment l'humanité traite la Terre, ce grand organisme qui est sa source d'approvisionnement :

Lorsqu'un chirurgien procède à une transplantation d'organes – ce qui est tout aussi contraire à la Loi éternelle que les expérimentations faites dans la Terre et à sa surface –, le patient doit ensuite prendre de nombreux médicaments pour que le corps ne rejette pas l'organe étranger.

Cet organe étranger constitue dans le patient une vibration étrangère. Tôt ou tard – même si ce n'est qu'après des années, lorsque l'organisme s'est immunisé contre les médicaments –, le corps physique réagit. Des difficultés apparaissent ; le corps cherche à rejeter l'organe étranger.

À cet exemple, tu peux constater que deux vibrations de nature différente, qui ont été réunies, conduisent sans cesse à des dissonances.

Ainsi, ce qui est acheminé ou soustrait quotidiennement à l'organisme qu'est la Terre se répercute sur le corps de la nature, la Terre – et sur l'auteur de ces faits, l'être humain, qui est un produit de la Terre.

Le grand être qu'est la Terre est maltraité chaque jour par les êtres humains. Au sens figuré, il possède lui aussi ses organes et sa circulation : les mers, les lacs et les fleuves, les veines hydrauliques, les champs magnétiques terrestres, le pôle nord et le pôle sud, les règnes de la nature et bien d'autres choses encore.

Au sens figuré, cela signifie que l'être humain procède en permanence à des « greffes d'organes » dans la Terre et à sa surface. Il en ressent chaque jour les effets dans les différentes parties du monde.

Chaque continent possède son propre champ magnétique qui lui est spécifique, qui émet des vibrations correspondant aux métaux, aux minerais et à l'ensemble des richesses du sol qui s'y trouvent. Ces vibrations sont transmises par les courants magnétiques à toute la Terre et à tout ce qui y vit, les êtres humains, les animaux, les plantes et les pierres.

Si d'importantes quantités de richesses minières sont transportées d'un continent à l'autre et sont ensuite transformées, c'est-à-dire travaillées à de multiples fins et utilisées en conséquence, alors l'intensité du rayonnement des parties du globe d'où elles ont été extraites et où elles ont été entreposées ou travaillées, se modifie.

Tu as lu que les courants magnétiques sont les canaux enregistreurs des sons du champ magnétique terrestre. Ces sons qui, comme toute chose, sont des vibrations, modifient également la structure de la Terre. Chaque son agit plus ou moins, selon son intensité et sa tonalité, sur les caractéristiques et les gènes des êtres humains et des animaux. Les plantes et les minéraux réagissent également aux sons. Toutes les modifications apportées par les êtres de la chute depuis la pensée de la chute et au fur et à mesure de la densification qui a abouti à l'être humain, ont été enregistrées et continuent de l'être par l'ensemble de la Terre et donc aussi par le système de circulation de la planète d'habitation, les veines hydrauliques.

L'humanité ainsi que tous les animaux de l'air, de la terre et des eaux sont dépendants des vibrations de la planète Terre. Toute vie réagit aux sons, aux couleurs et aux formes. L'écho qui revient de la Terre vers l'être humain correspond à son comportement envers elle.

Extinction de nombreuses espèces animales et végétales ; modification des instincts

En raison de l'action négative de l'être humain sur le corps de la nature, la Terre, de nombreuses espèces animales ont disparu et continuent de disparaître ; et d'autres variétés d'animaux, avec des caractéristiques différentes, se développent. Des processus semblables se déroulent au niveau du règne végétal. De nombreuses plantes disparaissent et d'autres espèces apparaissent, des espèces dont l'être humain ne connaît pas encore le fonctionnement. L'état

162

d'esprit de l'être humain et ses caractéristiques ont un impact différent à chaque époque.

L'humanité vit sur une Terre et dans une atmosphère terrestre qui changent constamment. Les dissonances provoquées par l'être humain, que ce soit par des couleurs, des formes ou des sons, ont également un effet perturbateur sur le système nerveux de ceux qui se trouvent vibratoirement sur ces niveaux de rayonnements.

J'appelle les êtres humains à s'élever spirituellement par un état d'esprit noble, afin qu'ils deviennent plus riches en vraie connaissance et en vie véritable. L'âme de l'être humain n'étant pas de ce monde, il est possible à celle-ci comme à son enveloppe humaine de s'engager sur la voie de l'évolution afin de puiser dans la vie cosmique et de pouvoir se soumettre la Terre de la bonne manière.

Toute dissonance, qu'elle provienne de la Terre ou des charges des êtres humains, se répercute de multiples façons. Une personne irritée et dysharmonieuse cherche à se détendre par différents moyens, par exemple en mangeant ou en buvant davantage ou en s'adonnant à une sensualité accrue. Ces signes et leurs effets présentent un large et divers spectre de choses négatives et accroissent les penchants inférieurs chez l'être humain.

Celui qui est orienté sur les valeurs de ce monde se laisse vivre sans penser à ses semblables et à ses prochains des règnes de la nature. Les idéaux et valeurs supérieurs sont étrangers à celui qui est centré sur le monde et ne pense qu'à lui-même.

En raison de l'intervention de l'être humain dans les lois de la nature, l'instinct des animaux – que Moi, le Christ, J'appelle « la vie sensitive » – se modifie également. Il change d'époque en époque, car l'être humain change constamment et se plie à l'état d'esprit d'autres personnes.

Les animaux de compagnie souffrent tout particulièrement de la manière dont les êtres humains les traitent et des conceptions de ces derniers. Ils modifient leur manière de vivre plus que les autres animaux, car par son comportement à leur égard, l'être humain exerce sur eux une influence, également sur leurs gènes. Beaucoup d'animaux sont apeurés et irrités. Leur instinct est entièrement orienté sur le matériel et sur le monde des pensées de l'être humain. Les animaux ont adopté bien des habitudes humaines, ceci en fonction de leur mentalité et de leur évolution erronée depuis des millénaires – et aussi en raison de croisements entre les espèces animales.

Parmi les formes de vie pures des règnes spirituels de la nature, le besoin de se battre et de se dévorer les uns les autres n'existe pas, pas plus qu'il n'y a d'agressivité et d'hostilité entre les êtres spirituels purs. Le fait que les animaux soient hostiles les uns envers les autres, qu'ils se battent et s'entretuent, tout comme le font les êtres humains, est la conséquence de la densification des êtres de la chute, c'est-à-dire de leur éloignement de leur nature véritable, donc de leur dégénérescence. En d'autres termes, au cours de leur évolution, beaucoup d'espèces animales ont adopté, en fonction de leurs caractéristiques et de leurs spécificités, les mêmes tendances que les êtres humains. Le champ vibratoire de bon nombre d'espèces animales est similaire à celui de beaucoup de personnes.

La fausseté des êtres humains se retrouve également chez les animaux. Le coucou, par exemple, pond ses œufs dans des nids qui ne sont pas les siens, et la pie dévore les œufs d'autres oiseaux. Ces deux exemples ne sont pas les seuls de ce genre. La dureté de cœur des êtres humains, qui ne connaît pas de limite, règne maintenant aussi de manière comparable dans tout le règne animal.

*Chez toutes les formes de vie,
la perturbation des champs magnétiques,
c'est-à-dire des volumes d'énergie,
entraîne les maladies les plus diverses*

Chaque forme de vie possède son propre volume d'énergie, un champ magnétique qui correspond à son développement spirituel. Aussi bien l'être humain que les animaux, les plantes et les pierres rayonnent le degré de conscience qui correspond à leur volume d'énergie. L'être humain appelle la manifestation de ce degré de conscience « le rayonnement du degré de conscience » ou « l'aura ».

Seul l'être humain change d'aura. En effet, les couleurs et les formes de celle-ci changent en fonction de la manière dont une personne ressent, pense et agit.

En raison du mauvais comportement de l'être humain envers ses semblables et ses prochains des règnes de la nature – les animaux, les plantes et plus globalement, la planète Terre –, le champ magnétique terrestre et les courants magnétiques sont constamment perturbés. Il en résulte aussi des tensions de différentes natures dans le champ magnétique de l'être humain. De même, les animaux, les plantes et toutes les autres formes de vie souffrent des dissonances du champ magnétique de la Terre. Par la suite, ces dissonances donnent naissance à d'autres tensions négatives chez l'être humain et chez les animaux.

Si le champ magnétique terrestre est perturbé et que les dissonances dans les champs magnétiques des êtres humains et des animaux se renforcent, cela se répercute également sur leurs gènes et entraîne les maladies les plus diverses.

Le plexus solaire, un centre nerveux capital chez l'être humain, est un important poste de commande du système nerveux. Il peut être influencé de manière considérable. Si ce poste de commande ainsi que le système nerveux sont affectés par des dissonances de différentes natures, il peut en résulter des maladies et des coups du destin. Les dissonances peuvent être provoquées par des sons, par des couleurs criardes ou sombres, des pensées de haine, de jalousie, par des disputes, des pensées longtemps ressassées, incontrôlées, des problèmes et des soucis graves, des pensées sur des évènements appartenant depuis longtemps au passé, par l'impossibilité de pardonner ou d'autres difficultés sur lesquelles une personne ne parvient pas à lâcher prise.

Celui qui se laisse régenter par ses pensées et ses désirs, qui est quotidiennement préoccupé par ses problèmes, perd l'orientation sur le noble et le beau. Il finit par se voir uniquement comme une personne incomprise et qui souffre. Dans cet état apathique et irrité, il absorbe de nombreuses vibrations négatives, des pensées négatives qui provoquent très souvent le déclenchement des effets d'une charge se trouvant en lui et qui se manifeste alors sous forme de maladie ou de coup du destin.

Les effets ne sont pas déterminés par des causes physiques, mais par des causes spirituelles : le système nerveux, le réseau de communication entre le corps et l'âme, se crispe, ce qui entraîne une diminution de la force vitale. Cela génère un mouvement accru au niveau spirituel et peut avoir un effet déclencheur sur des charges, c'est-à-dire des causes spirituelles, dont les effets se manifestent alors dans le corps.

Le système nerveux, également appelé « réseau nerveux, » joue un rôle fondamental dans le processus qui mène à des indispositions, des maladies et des coups du destin.

Comme déjà révélé, les courants magnétiques sont les canaux enregistreurs du champ magnétique terrestre. Si le champ magnétique de la Terre est dysharmonieux, les courants magnétiques sont également perturbés. Cette alternance – harmonie et dysharmonie – fait que les courants magnétiques de la Terre sont tantôt bénéfiques, tantôt nuisibles pour l'être humain. Tout dépend de la vibration de l'âme et de son enveloppe humaine, de la nature de leur champ énergétique.

Tout étant relatif sur cette Terre, la pensée et la vie de chacun déterminent entièrement si les forces magnétiques peuvent exercer une influence sur lui et de quelle manière. Les résonances des courants magnétiques sont différentes à chaque saison, à chaque jour et même à chaque heure. De ce fait, suivant leur vibration, leur influence sur les êtres humains et sur les règnes de la nature varie elle aussi.

Seules les personnes qui sont elles-mêmes discordantes sont soumises aux dissonances des courants magnétiques. Car seules des choses identiques agissent sur des choses identiques. En revanche, une personne harmonieuse, qui a une orientation spirituelle sur le divin, absorbe de moins en moins de dissonances. Au fil de son évolution spirituelle, il lui est même possible d'influencer positivement les vibrations négatives ou de les neutraliser.

Bien que les courants magnétiques de la Terre puissent – sous l'effet de modifications constantes résultant des nombreuses influences humaines – transmettre des résonances très négatives, il n'en reste pas moins que certaines fréquences sont bénéfiques à ceux qui ont une attitude juste et positive envers la vie.

Ceux qui ont une relation positive avec les règnes de la nature peuvent recharger leur propre champ magnétique aux forces positives des courants magnétiques terrestres. Les forces positives des courants magnétiques sont particulièrement bénéfiques le matin lorsque le soleil illumine la Terre de ses premiers rayons. Durant ces premières heures de la journée, elles contiennent davantage de force odique, de force de guérison et de Vie, parce que sur la partie du globe où il fait nuit, pendant que l'être humain dort, les vibrations négatives – les nombreuses pensées, paroles et actions négatives de l'être humain – diminuent. Lorsque tout est devenu calme, la force spirituelle, la force odique, afflue plus fortement vers la matière.

Aux alentours de midi, les courants magnétiques acheminent davantage de particules solaires vers la Terre. Celles-ci ne pénètrent pas seulement la planète d'habitation des êtres humains, mais aussi les êtres humains eux-mêmes, puisque ces derniers sont une partie de la Terre. L'absorption consciente de cette source d'énergie n'est conseillée que si on ne s'expose pas à un rayonnement solaire direct et intense. La chaleur de midi n'est pas bonne pour les nerfs.

Un excès de particules solaires peut entraîner une grande agitation. Un rayonnement solaire intense crispe le système nerveux et génère de l'agitation dans le corps. Il affecte la thyroïde, ce qui engendre alors différents dysfonctionnements dans l'organisme.

Beaucoup de particules solaires peuvent être absorbées au bord des lacs, des fleuves et des mers. Toutefois, s'il fait chaud, il convient de se mettre à l'ombre. Lorsqu'il fait chaud, les particules solaires sont également nombreuses à l'ombre. Si elles sont absorbées de manière correcte – c'est-à-dire en restant à l'ombre –, elles fortifient alors le champ magnétique de l'être humain et stabilisent sa circulation.

Les modifications constantes du champ magnétique terrestre donnent également naissance à des espèces animales que l'être humain appelle nuisibles ou parasites. Ces formes de vie dérangeantes et désagréables pour l'être humain ne sont rien d'autres que des produits résultant d'une manière de penser et d'agir de nature humaine, donc le fruit du mauvais comportement de l'être humain. Elles sont parcourues et animées par les champs magnétiques. Les milieux favorables au développement des nuisibles sont les décharges, les eaux polluées, les mares radioactives, les stations d'épuration, les rejets des réacteurs nucléaires, les dépôts de déchets nucléaires, les eaux usées et autres.

Le corps humain est un corps de pensées. Une personne correspond à la façon dont elle ressent, pense, parle et agit, et c'est ainsi qu'elle exerce une influence sur son environnement.

Par sa manière de penser et d'agir, elle participe également à l'élaboration de son époque. Chacun façonne et forme son environnement et le genre humain de son époque. Les pensées et les actions de chacun imprègnent et influencent son époque, le monde et le destin des peuples.

Par son comportement erroné, par ses pensées et actions négatives, l'être humain crée lui-même les parasites évoqués précédemment. De même, les bactéries et les virus nuisibles sont les produits d'un comportement erroné de l'humanité, s'étendant éventuellement sur plusieurs époques.

*La relation entre les âmes incarnées
et leurs époques respectives. Les influences
exercées par des communautés d'âmes*

Toutes les pensées et actions humaines ont l'effet suivant : l'âme revient sur Terre dans un corps humain jusqu'à ce qu'elle se soit largement acquittée de sa dette – cela dépend de ses charges. Il est possible que dans une nouvelle incarnation elle amène avec elle une grande partie de ses comportements erronés antérieurs – des émotions, des penchants et des aspirations de nature humaine. Ces charges s'exprimeront alors dans un nouvel habit humain en fonction des caractéristiques de cette époque. Dans ce cadre, des forces extérieures – la chronique atmosphérique ou des formes-pensées identiques ou similaires de personnes ayant le même état d'esprit – agissent de surcroît sur les charges de l'âme réincarnée. Ces forces stimulent les émotions, les penchants, les désirs et les passions qui régissent de nombreuses personnes de cette époque.

Il se peut que l'âme à présent réincarnée – dans laquelle certains désirs, aspirations, émotions et penchants deviennent actifs et rayonnent – se retrouve parmi des personnes ayant des aspirations similaires. Si elle, qui a maintenant été touchée par ces forces invisibles, appartient à ce groupe ou à cet ensemble de personnes partageant le même état d'esprit, elle fait alors partie d'un karma de groupe qui relie ces personnes entre elles et qu'elles ont à résoudre ensemble dans le monde.

C'est pourquoi, il y a toujours à nouveau deux pôles antagonistes qui agissent dans ce monde. Certains veulent, par exemple, utiliser l'atome comme source d'énergie et pour des armes parce qu'ils ont éventuellement travaillé sur ce sujet dans une vie antérieure et ont peut-être déjà fait avancer certaines choses qui leur serviront pour cette époque. D'autres ne veulent pas de l'énergie nucléaire. Ils y étaient déjà opposés dans leurs vies antérieures. Ils sont partisans d'une énergie naturelle que la Terre donne en abondance à ceux qui la reconnaissent et la rendent utilisable.

Ou encore, certains veulent soutenir l'organisation qu'est l'Église parce qu'ils ont éventuellement été papes, cardinaux, évêques, prêtres, laïcs ou adeptes de cette vision de la foi au cours de leurs vies antérieures. D'autres encore veulent aider l'Esprit libre à percer et souhaitent suivre le Nazaréen sans dogmes ni rites ecclésiastiques. Ils prennent Son enseignement comme seul critère pour leur vie.

Ou bien, certains veulent tel gouvernement, d'autres tel autre, selon les conceptions que les âmes ont apportées avec elles.

Tout cela et bien d'autres choses encore se déroulent sur le plan matériel, sur la Terre qui est une école pour l'âme.

Les sphères dans lesquelles vivent les âmes désincarnées sont marquées par des conceptions, des désirs, des passions, des penchants et des intérêts similaires – qui correspondent à ce que ces âmes ont apporté de la Terre.

C'est là que les âmes non éveillées, qui continuent à être uniquement centrées sur la matière, vivent et agissent dans un état semblable à celui d'un rêve. Elles ne peuvent pas y créer de nouvelles causes, car leur vie et leurs actions ne se déroulent que dans leur monde onirique et donc rien ne se passe concrètement.

Dans le royaume des âmes, les maladies, la détresse et les soucis prennent la forme d'images qui occasionnent à l'âme des souffrances ainsi que des tourments de la conscience. Dans le royaume des âmes, l'âme ressent en détails ce qu'elle a causé. Dans le monde matériel, les causes – vécues dans l'au-delà sous forme d'images et d'états de souffrance – se manifestent sous forme de maladies, de détresse et de coups du destin.

La vie sur Terre est un temps de grâce renforcée. Une âme incarnée peut transmettre en partie ou entièrement ses souffrances à son corps. C'est pourquoi, sur Terre, dans le corps matériel, la purification de l'âme peut se faire beaucoup plus rapidement que dans le royaume des âmes. En effet, pendant l'incarnation, il y a deux corps qui supportent les effets des charges : le corps spirituel, l'âme, et le corps physique. De plus, dans l'espace et le temps, la grâce soulage, neutralise et élimine beaucoup de choses.

Dans l'au-delà, il n'y a ni temps ni deuxième corps. La purification de l'âme s'y déroule de manière beaucoup plus douloureuse et au cours de cycles plus longs. L'âme revit encore une fois son comportement erroné dans tous les détails, jusqu'à ce qu'elle en prenne conscience et que, par le repentir, la demande de pardon et le pardon, elle fasse ce qu'elle doit faire pour que les images – tous les évènements dans lesquels elle vit directement – disparaissent.

En habit terrestre, ces évènements ne sont souvent que des souvenirs désagréables dont l'être humain ne se souvient généralement même plus en détail, ou bien il souffre d'une maladie pour laquelle il peut cependant être aidé – ne serait-ce que par des antidouleurs.

Par contre, dans l'au-delà, il n'y a qu'un seul remède qui calme la souffrance : Remets tes erreurs au Seigneur, à la lumière qui guérit.

L'être humain absorbe les virus dont la vibration correspond aux charges de son âme et à la vibration de son corps

L'âme ramène donc tout ou une partie de son sac de voyage dans ce monde. Au cours de l'existence humaine, le contenu de ce sac de voyage est touché par des pensées négatives identiques ou similaires. De ce fait, ces aspects vibrent dans le corps de l'être humain qui en prend alors de plus en plus conscience.

La plupart du temps, l'être humain a également une profession qui correspond aux dispositions qui sont en lui. Les charges de l'âme se manifestent sous forme de pensées dans le cerveau programmé par une activité particulière. L'être humain parle alors également d'« intuition » ou d'inspiration. Cela se passe alors ainsi :

D'abord il a une pensée, puis il la transmet en paroles. Il se rend auprès de ses prochains et expose ses pensées. Si ceux-ci adhèrent à cette idée, elle sera éventuellement mise en œuvre. Comme tout ce que l'être humain a créé dans le monde n'existe et ne peut être conservé qu'un certain temps, tout cela se désagrège à nouveau, c'est pourquoi il y a des décharges et des stations d'épuration.

C'est par de telles « idées » que sont nées, par exemple, les armes et les centrales nucléaires.

L'eau de refroidissement contaminée des centrales nucléaires se déverse dans les rivières et les lacs, puis dans les océans. Le résultat final est une pollution de la Terre sans précédent : Des animaux et des plantes meurent ou encore des animaux modifient leurs gènes et des plantes leurs caractéristiques. L'eau se transforme en marécage et les dépôts d'ordures en foyers de prolifération de ce qu'on appelle des parasites, des virus et des bactéries nuisibles. Des processus semblables et comparables se déroulent dans les lacs et les mers.

Cela signifie donc que les parasites, les virus et les bactéries nuisibles sont l'œuvre de l'être humain.

Ce que l'être humain sème, il le récoltera : les parasites prolifèrent. Les produits chimiques utilisés pour les combattre ainsi que les engrais artificiels tuent certes des espèces vivantes, mais en même temps, les produits chimiques favorisent d'autres parasites ainsi que de nouveaux virus et bactéries nuisibles. Ce qu'on appelle la science ne peut plus guère les identifier et les analyser, car même les appareils techniques les plus sophistiqués ne sont plus en mesure de le faire. Ils constituent à leur tour des forces négatives qui agissent sur les gènes – et vibratoirement sur les âmes chargées – car, comme déjà révélé, tout est vibration. Ils donnent naissance à des maladies dont la plupart sont encore inconnues pour l'être humain d'aujourd'hui. Certains types de cancer en font partie. Certains cancers sont transmis par des virus.

Cela implique que les prédispositions à ces cancers étaient déjà présentes dans l'être humain ou dans son âme en tant que charge. Le milieu que l'être humain crée ensuite en lui, en continuant à penser et à se comporter de manière erronée, a pour effet qu'il absorbe les virus dont la vibration correspond à certaines charges de son âme. Il en va de même pour la vibration du corps. Si celle-ci correspond à certains virus ou bactéries nuisibles, le corps les absorbe. Il s'infecte parce ses gènes présentent des similitudes vibratoires.

Ainsi, il faut donc également révéler que certains types de cancer sont contagieux.

C'est pourquoi il faut sans cesse le rappeler à l'être humain : Fais attention à tes pensées ! Efforce-toi de pratiquer quotidiennement le contrôle de tes pensées ! Remets le négatif au Christ et agis d'après la Loi, en semant de l'amour au lieu de la haine, de la bienveillance au lieu de la jalousie et de la passion. Aie toujours comme objectif le bien des autres et de la Terre ! Tu feras alors le bien.

De cette manière, beaucoup d'aspects peuvent être neutralisés et transformés dans ton âme. Des choses qui la chargent – c'est à dire des choses négatives, comme la maladie et des actes destructeurs – sont transformées. Tu restes en bonne santé ou tu la retrouves. Au lieu d'agir de manière destructrice, tu deviens une personne

bienveillante et bonne qui respecte et estime la
vie.

Tout comme l'être humain sème du négatif
et doit ensuite en porter les effets, il peut aussi
semer dans un sens positif. Il en résulte alors un
monde sain et serein où vivent des personnes
pacifiques qui recherchent le bien de tous et
œuvrent dans ce sens, donc pour la paix en ce
monde.

L'être humain qui est ignorant combat tout ce
qui lui semble être un fléau ou un danger. Mais,
en réalité, il est lui-même l'auteur des fléaux et
des dangers. Il devrait donc se combattre lui-
même, c'est-à-dire reconnaître ses propres désirs, nostalgies, penchants et émotions, et Me
les remettre, à Moi, le Christ. Je suis la force
positive qui transforme ce qui est négatif et qui
éclaire le monde et apporte la paix à travers des
personnes positives, orientées sur le divin. Mais
comme chacun se considère comme étant lui-
même « le meilleur », il déclare la guerre à son
prochain.

Ce n'est que lorsqu'une personne reconnaît qu'elle est elle-même l'auteur de tous ses sentiments, sensations, pensées, émotions et penchants, positifs ou négatifs, qu'elle se regarde en face et combat alors en elle ce qu'elle croyait voir jusqu'à présent chez son prochain.

Celui qui suscite de l'irritation chez une personne n'est que le miroir de celle-ci. Enivrés par le monde, beaucoup ne réalisent pas qui ils sont vraiment et ne voient pas en eux-mêmes leur plus grand ennemi, celui qui détruit la vie de la Terre, celle de leur prochain et, en fin de compte, leur propre vie. Tant que chacun ne se combattra pas lui-même individuellement en ennoblissant son caractère, il s'attaquera toujours à ce qu'il est en fait lui-même et qu'il voit chez les autres.

Ainsi, c'est l'être humain qui est lui-même le parasite ; il est lui-même les virus et les bactéries nuisibles. Car il est l'auteur de tout ce qui agit de manière destructrice sur le monde.

es personnes ignorantes ne prennent soin que de leur enveloppe extérieure, leur corps terrestre, mais elles font rarement attention à leurs pensées.

Les nombreuses dissonances humaines agissent constamment sur le système nerveux de l'être humain, qui est le réseau de communication avec son âme. Un système nerveux crispé réduit la circulation de Mes forces curatives et vitales dans le corps humain. Il en résulte que des charges spirituelles deviennent actives et que certains organes du corps s'affaiblissent.

À chaque instant, le système nerveux enregistre sensations, pensées, paroles et actes. Toute dysharmonie extérieure – qui peut entrer vibratoirement dans l'être humain parce qu'il a en lui des résonances identiques ou similaires – entraîne des dysfonctionnements du corps. Il en résulte une crispation supplémentaire du système nerveux. Les conséquences se traduisent par de la fatigue, un manque d'entrain, de l'apathie, des disputes et des querelles. Une telle personne n'est plus maître de ses forces. Les effets ultérieurs sont des coups du destin et des maladies.

Donc, ce qui est présent à l'intérieur, dans l'âme – lumière et ombre – peut être réveillé ou renforcé de l'extérieur par des bruits, par des pensées négatives, certaines formes-pensées, des virus, des bactéries nuisibles, des disputes et des querelles. Les effets se manifestent ensuite dans le corps selon l'intensité de ce qui se trouve dans l'âme.

Chaque cellule du corps possède une conscience spirituelle ainsi qu'un subconscient et un conscient. Par le biais de la conscience spirituelle de la cellule, les forces positives et négatives s'écoulent dans l'ensemble de la structure cellulaire et parviennent aux organes, au corps tout entier. La membrane cellulaire transmet aussi bien les forces positives que les forces négatives. Elle détermine entre autres la vibration d'une personne. Ses sensations, pensées, émotions et penchants, ses passions, tout ce qui occupe son esprit jour après jour – également ses maladies, ses indispositions, ses soucis et ses difficultés – constituent sa fréquence spirituelle.

Si une personne commet par exemple toujours la même faute, ces vibrations négatives sont enregistrées par la conscience spirituelle des cellules de son corps. La conséquence en est que les particules de l'âme s'assombrissent. De cette manière, une dette spirituelle se crée dans l'âme, dans les particules de l'âme.

Les atomes spirituels forment la caisse de résonance des particules de l'âme. Ensuite, mis en mouvement par le système nerveux, la caisse de résonance de l'âme se met alors à vibrer. L'âme entre en vibration et absorbe les fréquences vibratoires des sentiments, sensations et pensées. Autrement dit, elle s'infecte des aspects de nature humaine.

Il en va de même pour les forces positives. Si une personne est harmonieuse, équilibrée, désintéressée, qu'elle n'est plus centrée sur elle-même, alors ces forces positives se répandent dans l'âme. Elles y apportent l'harmonie et la paix. Dans cet équilibre intérieur, dans l'harmonie et la paix, l'Esprit de la Vie peut alors transformer ou annuler partiellement certaines dettes de l'âme qui auraient pu avoir un impact sur le corps si cette personne avait continué à penser de manière erronée.

Toute vibration – positive ou négative – qu'une personne renforce en répétant les mêmes pensées, paroles ou actions entre en conséquence dans l'âme, c'est-à-dire dans le livre de la vie. Les différents types d'atomes spirituels présents dans l'âme, dans les particules de l'âme, se modifient donc en fonction de la manière dont vit une personne. Si elle vit de façon positive, les forces intrinsèques de chaque atome spirituel s'orientent sur le noyau primordial de l'âme, sur son noyau central qui est le cœur de l'être spirituel.

Si elle vit de manière négative, en créant une cause après l'autre, les atomes spirituels se détournent de plus en plus de la source primordiale dispensatrice de Vie – le noyau central de l'âme, le cœur de l'être spirituel – et se tournent vers des vibrations de ce monde. En raison de cette inversion de leur orientation, en passant des vibrations spirituelles à celles de ce monde, à ce qui est de nature humaine, les particules de l'âme s'assombrissent. Car leur lumière dépend toujours des sensations, pensées, paroles et actions de l'être humain. Ce sont là des processus spirituels que celui-ci ne peut ni mesurer ni quantifier.

Ce que l'âme rayonne et émet, tout ce qui est enregistré en elle, constitue ses enveloppes. Celles-ci façonnent la structure de l'être humain qui est fine ou grossière en fonction de ce qui se trouve dans les particules de l'âme, c'est-à-dire des aspects impurs ou purs, sombres ou lumineux, des liens ou de la liberté, autrement dit des aspects de nature humaine ou de nature divine.

L'apparence d'une personne reflète son âme : soit beauté et pureté, soit insipidité, manque de beauté, voire laideur. Une personne jolie n'est pas forcément belle. Beaucoup de gens peuvent être jolis. Mais chacun détermine lui-même, dès sa jeunesse, s'il deviendra et restera beau.

La forme extérieure d'une personne, son apparence, par exemple la beauté et la noblesse, la grâce et l'harmonie, sont les attributs purs de l'âme. La jeunesse éphémère, le fait d'être joli, ne vient pas de l'âme, cela est conditionné par le corps. La nature de l'âme d'une personne et, en fin de compte, qui elle est, se révèle à travers son rayonnement.

Le mauvais comportement des êtres humains modifie les fonctions des champs magnétiques terrestres et des courants magnétiques

Ils agissent l'un sur l'autre et reflètent respectivement ce que l'être humain a pensé ou aussi fait.

Par exemple, les produits chimiques ajoutés au sol et à l'eau modifient le champ magnétique terrestre qui est le miroir de la Terre. Lorsque l'être humain introduit dans la Terre des substances chimiques artificielles, il modifie ainsi ce que reflète le champ magnétique terrestre, et en fin de compte les courants magnétiques.

Le soleil et les planètes qui entourent la Terre – la planète d'habitation de l'être humain – rayonnent vers elle. Leurs forces se répandent dans l'être humain et la Terre.

Si les champs magnétiques terrestres – appelés en tant qu'ensemble « champ magnétique de la Terre » – ne sont plus correctement orientés sur le rayonnement du soleil et des planètes, du fait que les miroirs, les champs magnétiques, sont ternes et en partie brisés, rompus, la Terre développe alors sans cesse de nouvelles caractéristiques et donne aussi naissance à d'autres animaux, plantes et formes.

Les champs magnétiques ont de multiples fonctions. Ils initient notamment la fécondation des animaux et exercent sur eux une influence.

De même qu'ils agissent sur le monde animal, ils influencent aussi les animaux dits nuisibles, les parasites et toutes les formes de vie apparues en raison du mauvais comportement de l'être humain. En effet, ces formes de vie réagissent tout particulièrement aux dissonances des courants magnétiques. Il en est de même en ce qui concerne les virus et les bactéries nuisibles.

Plus le potentiel de forces négatives augmente, plus les dissonances des courants magnétiques ont une influence sur les parasites, les virus et les bactéries nuisibles ainsi que sur les êtres humains et les animaux.

Tous les autres dysfonctionnements causés par l'être humain, qui sont à imputer à d'autres comportements erronés individuels et collectifs, créent aussi des causes dans l'âme. Celles-ci se manifesteront également tôt ou tard dans le corps ou dans les aires de purification.

Le monde des pensées de l'être humain est tout particulièrement décisif, car c'est lui qui lui donne des ailes ou au contraire l'assombrit, selon la manière dont il ressent, pense, parle et agit. Par son comportement négatif, une personne dysharmonieuse agit constamment sur son système nerveux qui est le réseau de communication avec l'âme. Elle crispe les fins nerfs vitaux, à travers lesquels et le long desquels s'écoule la force spirituelle, la Vie, qui cherche à maintenir le corps en bonne santé et plein de joie de vivre.

En raison de leur ignorance au sujet de la force des pensées, beaucoup de personnes voient leur corps dépérir, malgré les soins extérieurs qu'elles lui apportent ; l'âme aussi, le corps spirituel en l'être humain, le livre de la vie, s'assombrit de plus en plus. L'âme enregistre en elle tous les penchants et émotions de son enveloppe humaine, ses sensations et pensées ainsi que tous les processus qu'elle vit.

Si le système nerveux est crispé, peu de force vitale s'écoule alors dans le corps. Il en résulte que cette personne crée de nouvelles causes ou que des charges spirituelles deviennent actives parce qu'elle est ainsi entrée dans des plans vibratoires favorisant la manifestation de leurs effets.

Chaque cellule du corps comprend un conscient, un subconscient et une conscience spirituelle. Si le système nerveux, la caisse de résonance du corps, est crispé, donc dysharmonieux, la force vitale éternelle, la conscience spirituelle, ne peut approvisionner les cellules que faiblement. La conséquence en est que des forces négatives – des vibrations négatives – s'infiltrent dans le conscient et le subconscient des cellules où elles paralysent l'activité des amas cellulaires. Il en résulte alors des maladies, des indispositions et des coups du destin qui se manifestent et agissent de diverses manières.

À chaque instant, le système nerveux enregistre donc les sensations, les pensées, les paroles et les actes de l'être humain ainsi que les résonances de son environnement, qu'il s'agisse de vibrations positives ou négatives ; si une personne est tournée vers la matière, elle en absorbera les nombreuses et diverses vibrations négatives et s'en infectera. Le résultat est que le système nerveux se crispe davantage, ce qui peut à nouveau entraîner d'autres indispositions, maladies ou coups du destin.

*L'équilibre qui existe entre
les règnes animal, végétal et minéral,
l'équilibre écologique,
est vital pour l'être humain*

Sans une relation saine et équilibrée entre l'homme, les animaux, les plantes et aussi les minéraux, l'être humain, qui dépend de l'équilibre entre les règnes animal, végétal et minéral, ne peut pas vivre à long terme.

Les énergies vitales des animaux, des plantes et des minéraux sont des forces cosmiques qui sont en unité et ainsi en harmonie avec les forces de l'Infini. Si une personne agit contre les mondes animal et végétal et contre le règne minéral, elle enfreint la Loi de l'unité, de l'harmonie.

Celui qui enfreint la Loi universelle de l'harmonie se sépare du courant direct, de Dieu, la Vie.

La Vie c'est Dieu et Dieu est unité.

Celui qui enfreint la Loi universelle de l'unité épuise de plus en plus les forces de son corps qu'il cherche avec peine à préserver au moyen de nourriture et de stimulants. Il en résulte alors souffrance, maladie, détresse et coups du destin. La conséquence en est également que les mondes animal et végétal disparaissent peu à peu et que l'être humain retombera finalement à l'âge de pierre où il devra mener une existence extrêmement pénible.

À long terme, ce que l'être humain détruit délibérément disparaît à l'extérieur. Les animaux qui apportent un certain potentiel de forces contribuant à l'équilibre écologique sont de moins en moins nombreux. Les plantes médicinales qui contribuent aussi, sous forme de rayonnement, à guérir l'être humain et les animaux ainsi qu'à assainir l'atmosphère tout entière sont irradiées par l'atome et sont en train de disparaître. Les pierres restent pour l'instant. Que peut en faire l'être humain ? Très peu de choses.

Cela signifie qu'au fil du temps – après le Royaume de Paix –, le genre humain disparaîtra et que la Terre sera par la suite conduite à l'éruption et à l'expansion. La prochaine étape d'évolution la ramènera à l'état de matière subtile pure.

Ce n'était là qu'un court aperçu montrant ce qui se produira dans les millénaires à venir. La prophétie que Je donne ici va au-delà du Royaume de Paix sur Terre.

Chaque animal a reçu de Dieu une tâche précise qui contribue au bien de la Vie dans son ensemble. Chaque animal créé par Dieu a une tâche positive dans le plan de la création.

Les animaux qui vivent dans le sol, les petits animaux et les micro-organismes, sont appelés les nettoyeurs naturels de la terre. Ils aèrent le sol et le préparent pour les particules solaires et lunaires qui y pénètrent. Les rayons fertilisants de Vénus, Mars, Mercure, Saturne et des autres planètes que l'Esprit universel, Dieu, a attribuées au système terrestre peuvent alors accomplir leur tâche positive dans et sur la Terre : par l'intermédiaire des forces élémentaires que sont le feu, l'eau, la terre et l'air, ces rayons stimulent le développement des plantes et des minéraux et contribuent aussi, de cette manière, à l'équilibre écologique.

Si la relation entre ces différentes composantes est perturbée, l'équilibre écologique n'est alors pas dans l'harmonie universelle. Il s'ensuit que l'être humain perd son harmonie. Les causes citées engendrent alors des effets sous la forme de maladies de diverses natures.

*La pollution de l'eau – la source
de Vie du corps humain – entraîne
également des maladies*

Dans une goutte d'eau se trouvent d'innombrables êtres vivants. Cette force vitale contribue également à l'harmonisation de la Vie dans tout le système solaire. Les innombrables formes de vie présentes dans les gouttes d'eau contribuent non seulement à la purification des rivières, des fleuves, des lacs et des mers, mais aussi, par ce biais, à celle de tout l'organisme de la Terre. L'organisme de l'être humain, le corps humain, est lui aussi purifié par l'eau, qui porte en elle d'innombrables micro-organismes, également prévus à cet effet. J'appelle ces formes de vie les épurateurs naturels du corps physique.

La relation de l'être humain à la nature et à la source de Vie qu'est l'eau est perturbée. L'eau de la Terre n'est pas seulement destinée à nettoyer et à irriguer le sol, mais aussi le corps humain, ses cellules, son sang et ses organes. Les innombrables êtres vivants présents dans l'eau, les microbes, contribuent au nettoyage et à la détoxication des intestins de l'être humain – et des animaux – et renforcent la flore intestinale. Cette eau curative est destinée à tous les éléments constituant le corps.

L'être humain est avant tout constitué d'eau. Il est dépendant de la Terre et de ses sources d'eau. Si les sources de la Terre sont polluées, que l'eau n'est plus en mesure de fournir à l'être humain des substances saines et reconstituantes, alors celui-ci tombe lui aussi malade. Si les micro-organismes, les microbes, qui vivent dans l'eau sont détruits par des produits chimiques, une pollution atomique ou autre, l'eau devient un liquide sans vie que l'être humain peut certes encore utiliser pour se laver, mais qui ne peut plus servir à renforcer, fortifier et vivifier les organes.

Les causes entraînant des indispositions, des maladies et des coups du destin sont donc multiples.

L'être humain, en tant qu'être cosmique,
fait partie de l'unité divine.
Ce qu'il inflige à d'autres formes de vie,
il se l'inflige à lui-même

Au regard de l'Infini, le corps humain n'existe que pendant un ou quelques instants. Mais l'âme, le corps éthérique qui habite l'enveloppe humaine, elle, possède la vie éternelle.

Dans son corps humain, l'âme a pour tâche de se purifier, d'apprendre à connaître les Lois saintes et de les appliquer ensuite à elle-même et à son enveloppe humaine, afin de pouvoir vivre sur Terre selon ces Lois.

Tant que l'être humain ne vit pas en paix avec son prochain, il n'est pas non plus en unité avec la nature, et par conséquent pas non plus en unité avec Dieu, puisque Dieu est tout en toute chose.

Celui qui ne vit pas en unité avec Dieu se trouve dans la loi de cause à effet, dans la loi de causalité. Et celui qui vit dans cette loi créera sans cesse de nouvelles causes, ceci jusqu'à ce qu'il s'éveille en Esprit et suive les Lois de la paix, de l'harmonie et de l'amour. Les effets qui suivent les causes créées par l'être humain sont, comme déjà révélé, des maladies, des coups du destin, des difficultés et des peines. L'être humain vit dans ce cycle récurrent jusqu'à ce qu'il prenne conscience qu'il est un être cosmique qui appartient à l'unité divine, à l'Esprit universel. S'il commence ensuite à faire grandir en lui cette unité cosmique en reconnaissant l'essence de la vie, l'Esprit, et en mettant en pratique les Lois, alors il retrouvera la santé – et à travers lui, également la terre, les fleuves, les lacs et les mers.

La loi de causalité dit : Ce que tu as fait au plus petit de tes frères, c'est à Moi que tu l'as fait, à Mon Esprit dans l'âme et dans l'être humain. Par extension, cela signifie que tu te l'es infligé à toi-même, car tu te détournes de l'Esprit de la Vie, qui est la Vie, tu te détournes de personnes qui sont tes prochains, d'animaux et de plantes qui sont aussi tes prochains des règnes de la nature, de la Terre avec toutes ses formes de vie. Il ne peut en résulter que maladies, soucis et détresse.

Je voudrais maintenant faire prendre conscience à Mes enfants humains des raisons de l'apparition de toutes les maladies :

L'être humain récoltera les causes qu'il sème, à moins qu'il ne s'en repente à temps, c'est-à-dire lorsqu'elles sont encore actives dans le conscient ou comme souvenir dans le subconscient, ou lorsqu'elles refont surface sous forme de pensées ne correspondant pas à Ma Loi éternelle.

Afin de reconnaître à temps les causes nouvellement créées, il faut observer ses propres sentiments, pensées, paroles et actes.

Chaque pensée, qu'elle soit positive ou négative, cherche à se réaliser. Chaque pensée est une énergie et cherche un canal pour exprimer ce qui a été déposé en elle. Plus une même pensée est répétée, plus son effet est intense.

Les pensées, les paroles et les actes constituent des graines qui tombent dans l'aura, dans l'être humain et ensuite dans l'âme. Si elles ne sont pas reconnues à temps, elles commencent alors à germer, à pousser et à produire des fruits correspondant à leur nature.

Si elles ne sont pas reconnues à temps, elles se rendent là où agissent de grands champs d'énergie qui rayonnent de manière identique ou similaire à la pensée de celui qui les émet. Elles vont donc dans le « royaume des pensées » et y attirent des pensées de même nature. Les pensées se rassemblent ensuite en un complexe énergétique et retournent à l'expéditeur ; elles l'influencent et s'efforcent de produire ce qu'il redoutait éventuellement. Plus ce complexe d'énergie qui revient est fort, plus son influence sur l'être humain et sur l'âme est intense. Il trouve dans le monde intérieur de cette personne des correspondances ou des souvenirs, car les pensées émises correspondent soit à des souvenirs, soit à des correspondances. Le complexe d'énergie agit également sur l'âme et peut y éveiller d'autres souvenirs ou correspondances qui commencent alors à agir.

Si ce sont des souvenirs qui sont éveillés, alors ces derniers peuvent également être de nature positive. Grâce au souvenir de ce que l'on a vécu ou de ce dont on a souffert, on peut par exemple venir en aide à d'autres personnes qui souffrent actuellement de la même chose ou de quelque chose de semblable. Tout l'Infini est service désintéressé, car Dieu est amour. C'est pourquoi les formes que peut prendre une aide désintéressée sont multiples. Celui qui demande de l'aide sera aidé.

Les animaux et même les plantes peuvent eux aussi émettre des sensations qui appellent l'être humain à l'aide. Les personnes qui ont une relation positive avec les règnes de la nature seront, quand cela est possible, attirées par les ondes de sensations d'un animal qui souffre ou par des groupes de plantes et d'arbres épuisés qui ont besoin d'aide. Car l'Esprit agit au-dessus de tout et en tout. Les anges gardiens, qui sont placés aux côtés de l'être humain pour le soutenir et l'aider, servent leurs prochains, apportent leur aide et leurs conseils ; les êtres de la nature agissent également ainsi, à leur manière.

Tout est vibration.

Des vibrations identiques essaient de communiquer entre elles, des vibrations dissemblables se repoussent. C'est la loi spirituelle de l'attraction et de la répulsion.

Des souvenirs peuvent cependant aussi redevenir des correspondances. Des souvenirs qui étaient autrefois des charges, mais qui ont déjà été réglés, c'est-à-dire mis en ordre, et qui évoquent chez cette personne des choses et des évènements mais qui ne génèrent plus d'émotions, peuvent néanmoins redevenir des correspondances si elle cède aux ondes de pensées négatives et que sa vie se déroule de manière incontrôlée.

Les ondes de pensées négatives touchent d'abord subtilement les souvenirs présents dans une personne, c'est-à-dire ce qui a déjà été réglé et effacé. Si elle n'est pas vigilante et qu'elle commence à réfléchir à ces choses du passé, elle ravive ces souvenirs. Ainsi, ceux-ci peuvent alors redevenir des correspondances, en fonction du contenu des pensées et de leur intensité.

Cela peut se passer de la manière suivante : Une personne se souvient d'un évènement et y réfléchit longuement. Elle fait revivre ce passé. Ce faisant, un petit aspect négatif s'introduit dans son univers de pensées habituellement positif, il en résulte une irritation passagère, c'est-à-dire quelques pensées négatives. Elles sont renforcées par les ondes de pensées négatives affluant vers elle et créent des causes correspondantes. De cette manière, un souvenir peut devenir une nouvelle correspondance, une cause.

Au fil du temps, cette correspondance peut également se manifester dans le corps de la personne concernée. Cela peut se produire de la manière suivante : En ruminant ces pensées, elle tombe vibratoirement dans des zones où sévissent des agents pathogènes ; ceux-ci agissent alors sur elle et provoquent soit une indisposition, soit d'autres conséquences ou une maladie, selon les cas.

Par exemple, en raison d'une indisposition, il est possible qu'un rendez-vous ne soit pas honoré ou soit oublié. Cela peut éventuellement coûter beaucoup d'argent à la personne concernée ou avoir d'autres conséquences. De la cause « pensée incontrôlée », qui a réveillé un souvenir entraînant d'autres pensées incontrôlées, est née toute une chaîne d'effets.

Des pensées d'inquiétude, par exemple, émanent d'une personne anxieuse. Elles proviennent en partie d'une correspondance dans l'âme. Ce sont des charges qui, dans un premier temps, ne sont actives que par intermittence et se préparent à s'écouler de l'âme. Ces pensées prennent la même voie que celle révélée précédemment : elles se rendent auprès de grands complexes énergétiques et y attirent des forces de même nature. Elles s'unissent et repartent du royaume des pensées vers l'expéditeur. Elles se nichent alors peu à peu – selon le nombre de fois où cette personne a pensé et pense la même chose ou des choses similaires – dans son aura et agissent, de l'extérieur vers l'intérieur, à la fois sur l'être humain et sur son âme. Ce que l'être humain redoutait devient alors réalité.

Souvent, il n'y a au départ qu'une faible correspondance dans l'âme ou le subconscient, un ensemble vibratoire qui aurait été transformé par une pensée positive, sans que cette personne ait eu besoin d'en ressentir les conséquences sur son corps. Mais comme la personne concernée a laissé ses pensées fuser de manière incontrôlée à travers son cerveau, elle est maintenant harcelée par ce qu'elle renforce elle-même avec ses pensées. La petite correspondance, une faible charge, voire un évènement oublié depuis longtemps, qui se trouvait dans le subconscient, se renforce et produit des effets parce qu'elle y pense souvent et de manière erronée.

Si une personne pense souvent à une maladie, si elle en a peur, elle attire alors des choses semblables. Si elle parle constamment de sa maladie et de ses indispositions, elle les renforce dans son corps – mais aussi dans son âme.

La haine, la jalousie, l'hostilité et des sentiments de vengeance entraînent également des maladies, des souffrances et des coups du destin. Les causes sont toujours des sentiments, des pensées, des paroles et des actes erronés. Leurs effets se produisent sur le corps ou se traduisent par un coup du destin dans l'environnement immédiat de la personne concernée. Les comportements négatifs sont donc la cause, car l'être humain agit contre les forces éternelles et harmonieuses, contre la Loi de l'amour et de la paix.

Lorsqu'une famille est confrontée à la maladie, à la détresse, à des soucis, des conflits, des disputes, à la haine, à la jalousie, à l'hostilité et à des coups du destin, il y a toujours des causes à l'origine. Les causes viennent toujours de la personne concernée. Elle doit porter les causes qu'elle a créées sous forme d'effets. Comme révélé, ces effets se produisent sur cette personne ou dans son environnement immédiat.

Donc, ce que l'être humain sème, il le récoltera, le positif, le bien, mais aussi le négatif, à moins qu'il ne reconnaisse à temps ce qu'il a semé, s'en repente et le mette en ordre.

C'est pourquoi, vis consciemment ta vie !

Chaque journée cherche à te dire ce que tu devrais régler aujourd'hui et aussi ce dont tu peux te réjouir de tout cœur.

*Les trois aspects de conscience dans le corps :
conscience spirituelle, conscient et
subconscient. Chaque organe
est vibration, couleur et son*

Chaque action est suivie d'une réaction. L'action se déroule tout d'abord dans le cerveau, dans les sensations et les pensées. La réaction se produit dans le système nerveux, puis dans les cellules, les organes, les muscles, les glandes et les hormones, c'est-à-dire dans l'ensemble de l'organisme. Par la suite, les actions et les réactions qui ont lieu dans le corps se répercutent également sur l'âme.

Les pensées stimulent également les sens. Les sens, à leur tour, agissent sur le système nerveux et sur la conscience des cellules et des organes.

Chaque cellule est vivante et possède, comme révélé, trois aspects de conscience : une conscience spirituelle, un subconscient et un conscient. Chaque cellule appartient à un amas cellulaire qui possède à son tour une conscience spirituelle, un conscient et un subconscient.

Si les amas cellulaires ont une vibration élevée parce qu'une grande quantité de force spirituelle afflue dans le corps par l'intermédiaire de l'âme, alors ils repoussent les énergies négatives. Ils se protègent en émettant des signaux qu'une personne éveillée est capable de capter et dont elle tient alors compte dans ses pensées et ses actes.

L'organisme d'une personne est toujours le miroir de ce qu'elle a jadis fait entrer dans son âme et dans son corps par ses pensées et aussi le miroir de ce qu'elle pense aujourd'hui et de la manière dont elle pense.

Lorsqu'une personne pense et vit de manière positive, ses amas cellulaires s'orientent sur la vie supérieure et absorbent les forces supérieures. En revanche, lorsqu'ils ont une orientation négative, ils repoussent les forces supérieures. C'est pourquoi il faut souvent une longue préparation du corps et de l'âme avant que Mes forces d'aide et de guérison puissent se frayer un chemin et agir.

Chaque organe est vibration et possède sa couleur spécifique. Son taux vibratoire et les couleurs qu'il rayonne révèlent si l'organe est sain ou malade.

La vibration et les couleurs rayonnées forment un son. Ainsi, chaque organe a un son. Le son, également appelé sonorité, correspond à l'état de l'organe. Tous les aspects beaux, bons, nobles et purs que l'âme enregistre, ainsi que les aspects désagréables, pesants et sombres, sont des sons, c'est-à-dire des sonorités. Ces énergies, qui constituent une musique, circulent dans le corps par l'intermédiaire des centres de conscience de l'être humain et font ainsi vibrer et résonner les organes.

Ainsi, chaque être humain est un « corps sonore », un orchestre qui correspond à ses charges, à sa manière de penser, de parler et d'agir. Il rayonne et produit des sons en fonction de sa manière de penser, de parler et d'agir qui imprègne tout son comportement. Toute son apparence extérieure est l'expression de ses charges et de la « musique de ses pensées ».

L'univers tout entier est son, musique, couleur et forme, car les formes de vie subtiles sont également le produit de rayonnements, étant donné qu'elles sont des corps spirituels pouvant être traversés par des rayonnements.

Si un organe est malade, il émet alors des dissonances sous forme de couleurs et de sons. Ces dissonances émanent du conscient et du subconscient de l'organe.

Ainsi, tant que le conscient et le subconscient d'un organe sont chargés et émettent des

signaux pathologiques, la conscience spirituelle
de l'organe ne peut pas agir pleinement. En
d'autres termes, l'Esprit, le Médecin et Guérisseur intérieur, ne peut pas agir pleinement de
manière à procurer force vitale et santé à l'âme
et à son enveloppe humaine. En fonction de leur
charge, de leur couleur et de leur son, les deux
aspects de conscience que sont le conscient et le
subconscient des cellules dominent et bloquent
l'aide que l'Esprit pourrait apporter à travers la
conscience spirituelle de la cellule.

Thérapie globale

Ainsi, celui qui souhaite obtenir la guérison à partir de l'âme, par l'Esprit – c'est-
à-dire qui ne cherche pas uniquement à guérir
son corps tout en gardant les charges présentes
dans son âme –, devrait s'efforcer de changer
sa façon de penser : au lieu de nourrir des pensées négatives, comme des pensées de haine,
d'envie, de peur, d'inquiétude et de désespoir, il

devrait cultiver des pensées de paix, d'espoir, de confiance, de santé, d'amitié et d'amour.

Il peut également faire appel à des médecins qui connaissent les Lois de la Vie et travaillent selon celles-ci pour renforcer son corps. Afin d'obtenir une guérison en profondeur, il est important que le médecin détende le système nerveux du patient et mène avec lui des entretiens thérapeutiques au cours desquels ce dernier prend conscience de ses difficultés et s'efforce ensuite de les surmonter. Ainsi, le conscient et le subconscient des organes, donc des cellules, accèdent au calme ; le patient parvient peu à peu à l'harmonie, de sorte que son corps peut se préparer à l'auto-guérison par l'Esprit.

Des médecins avertis s'efforcent de relaxer les nerfs du patient. Ils devraient mener des entretiens thérapeutiques ciblés afin que ce dernier prenne conscience de son état intérieur et qu'il s'efforce de comprendre que ses pensées et émotions de nature humaine sont les causes de sa souffrance.

Les médecins devraient également s'efforcer d'aider la personne en quête de guérison
à surmonter ses pensées, ses penchants et ses
émotions qui agissent de façon perturbatrice et
nuisent à l'organisme. En outre, ils s'efforcent de
donner à l'organisme un soutien suffisant pour
que le patient puisse développer des forces positives et contribuer ainsi à ce que l'Esprit stimule
son organisme pour qu'il s'auto-guérisse.

Par des conversations thérapeutiques avec
des médecins et des entretiens spirituels menant
à des prises de conscience sur soi-même, des
crispations et des chaînes de pensées se libèrent
des couches du conscient et du subconscient,
pour autant que celui qui cherche la guérison
soit prêt à les accepter et à y travailler lui-même.

Grâce à des prises de conscience sur lui-
même et en Me remettant ce qu'il a reconnu,
le patient devient plus calme ; il se retrouve
peu à peu lui-même et parvient à l'harmonie
souhaitée, laquelle permet à la conscience spirituelle de l'organe affecté de transmettre plus
intensément les rayonnements de guérison à la

substance matérielle, c'est-à-dire à l'organe et à l'organisme tout entier.

C'est cela la guérison globale : l'âme se purifie de ses charges et le corps guérit. Ainsi, si la conscience spirituelle, le conscient et le subconscient des cellules sont en harmonie, il peut en résulter amélioration et guérison, à travers Moi, le Médecin et Guérisseur intérieur.

*Il ne faudrait jamais forcer la guérison
du corps seul. Une guérison complète
ne peut être obtenue que par l'Esprit
à travers le système nerveux et
la conscience spirituelle de chaque cellule*

En raison d'une mauvaise attitude dans la vie, la force vitale spirituelle dans l'âme et le corps diminue à tel point que l'organisme ne dispose plus que d'une faible énergie vitale. Si le conscient et le subconscient des cellules sont très chargés vibratoirement, c'est-à-dire que leur vibration est basse, alors l'organe malade ne peut pas être guéri par l'Esprit, par l'intermédiaire de l'âme. Les médicaments peuvent avoir un certain effet sur le corps, mais ne sont pas à même de guérir l'âme.

Il est contraire à la Loi divine d'être uniquement centré sur le corps et de vouloir le guérir par tous les moyens possibles. Celui qui veut forcer la guérison par des médicaments – et qui a l'impression d'y être parvenu puisqu'il va à nouveau bien – ne fera qu'endormir la conscience de l'organe concerné et repousser dans son âme la dette éventuellement en train de s'écouler. La cause nouvellement créée par un tel comportement erroné ou un comportement similaire engendre des effets, si ce n'est dans cette incarnation, alors dans une prochaine.

Le médecin et le patient ne devraient pas chercher à forcer une guérison. Le médecin devrait plutôt s'efforcer d'harmoniser et de fortifier le système nerveux et de soutenir les organes par des remèdes naturels, afin que l'Esprit ait la possibilité, par l'intermédiaire de la conscience spirituelle de l'organe concerné, de faire affluer plus intensément les forces de guérison dans cet organe et dans d'autres parties du corps.

Le médecin devrait donc s'efforcer d'amener l'ensemble de l'organisme à une vibration supérieure, afin que les forces positives puissent agir. Il ne cherchera cependant pas à guérir lui-même le patient.

Une guérison sans effets secondaires ne peut avoir lieu que par l'Esprit. C'est pourquoi le principe suivant s'applique : l'Esprit guérit par l'intermédiaire du système nerveux et de la conscience spirituelle de chaque cellule. Une guérison complète n'a lieu que par l'Esprit – Dieu – à travers le système nerveux et la conscience spirituelle de chaque cellule.

L'harmonisation d'une personne et son orientation sur la guérison par l'Esprit, par Dieu, se fait par la prière, par des pensées positives affirmant la guérison, par la méditation et des mouvements harmonieux ainsi que par des conversations thérapeutiques menées par des médecins, par des entretiens spirituels, et cela en soutenant le corps par des remèdes naturels

qui doivent être prescrits et surveillés par le
médecin.

*Dévoiler prématurément des incarnations
antérieures est contraire à la Loi divine.
La guérison en profondeur par le Médecin
et Guérisseur intérieur*

Selon Mes Lois éternelles, il n'est pas per-
mis à des médecins et psychothérapeutes
qui n'ont pas approfondi Ma Loi éternelle et ne
la connaissent donc pas, d'agir sur les couches
profondes du subconscient et sur les enveloppes
de l'âme du patient. Si de tels procédés font apparaître des choses que le patient ne parvient
pas à maîtriser, sur lesquelles il rumine, s'irrite
ou développe des sentiments de culpabilité et de
ce fait ne parvient plus à faire face à la vie dans
ce monde, ce n'est pas seulement le patient qui
crée des causes en lui-même, mais le médecin
ou le psychothérapeute ignorant se charge lui
aussi. Les deux, le patient et la personne qui le
soigne, ont ainsi créé ensemble des causes.

Si, par exemple, des incarnations antérieures sont dévoilées par des procédés de la psychologie des profondeurs et que le patient souffre de ces révélations, il peut éventuellement en résulter une maladie. Le psychologue des profondeurs a touché prématurément une cause se trouvant dans l'âme, qui est ainsi devenue active à un moment où le patient ne pouvait pas encore la porter. Le patient et le psychologue créent ainsi ensemble des causes et devront éventuellement s'acquitter en commun de leurs conséquences dans une autre incarnation, en fonction de l'intensité de la cause. Le patient commet une faute parce qu'il ne doit pas chercher à lever le voile sur ce qui est encore caché, et le psychologue aussi parce qu'il ne doit pas intervenir dans des processus inconscients qui ne sont pas encore suffisamment mûrs pour se manifester.

Souvent, de telles choses négatives cachées dans le subconscient d'une personne se transforment d'elles-mêmes en forces positives parce qu'elle a appris à penser et à vivre positivement dans cette vie. Des médecins et des conseillers de vie formés spirituellement le savent. C'est pourquoi ils n'interviennent pas dans les couches profondes du subconscient, mais tentent plutôt de guider le patient vers des prises de conscience sur lui-même.

C'est la différence entre les médecins ou les psychologues spirituellement ignorants et les médecins, les psychologues ou les conseillers de vie formés spirituellement.

Celui qui bâtit sur l'Esprit, qui approfondit Ma Loi et l'applique, obtient aussi la guérison par l'Esprit. En revanche, celui qui ne construit que sur la chair peut éventuellement connaître une amélioration ou une guérison, mais seulement pour une courte durée, car chaque maladie recèle en elle une cause profonde. Autrement dit, la maladie n'est pas seulement dans le corps, mais souvent aussi dans l'âme. Donc, celui qui bâtit sur l'Esprit parvient à une guérison profonde qui ne peut pas être obtenue par une psychothérapie telle qu'elle est pratiquée dans le monde ; celle-ci est de toute façon illégitime parce que, comme déjà révélé, il se peut qu'elle touche des choses que le patient n'est pas en mesure de gérer, de supporter.

Le temps est venu où les médecins de ce monde ne savent bien souvent plus comment ni avec quels médicaments ils peuvent soulager ou guérir leurs patients. Le temps est venu où de plus en plus de médecins se penchent sur l'invisible, sur ce qui agit derrière la matière. Beaucoup cherchent, et tôt ou tard, ils ne sauront plus comment faire autrement que de bâtir sur l'Esprit qui est le Médecin et Guérisseur intérieur de l'âme et de l'être humain.

La coopération entre Moi, l'Esprit universel, et des médecins alliant la connaissance divine et sa mise en pratique sera l'idéal dans les temps à venir. Car bien souvent, dans ce monde pollué, seul l'Esprit peut encore aider une personne malade. Dans les temps à venir, les gens feront donc davantage appel au Médecin et Guérisseur intérieur qu'à un médecin qui se base uniquement sur des médicaments pharmaceutiques.

*Recommandations pour les personnes
en quête de guérison :
Pensée et prière correctes – Gymnastique
harmonieuse – S'adresser aux organes –
Méditation apaisante – Nourriture légitime –
Rythme corporel harmonieux –
Contrôler ses paroles*

Les premiers pas qu'une personne en quête de guérison devrait faire sont les suivants :

Prends conscience que tu vis éternellement. Comprends que ce n'est pas seulement ton corps qui est malade, mais que c'est avant tout ton âme qui est assombrie, c'est-à-dire chargée, et que celle-ci émet son rayonnement négatif dans le corps physique, dans ton corps, ce qui déclenche alors la maladie.

Si tu en es conscient, commence à prier correctement. Prie Celui qui t'a contemplé et créé, l'Esprit universel, Dieu, ton Père céleste qui agit par Moi, le Christ, ton Rédempteur. Prie de manière concentrée. Efforce-toi d'éliminer toute pensée de nature humaine et prie en te tournant vers l'intérieur. Fais entrer tes prières dans ton corps et dans ton âme.

Efforce-toi constamment de mettre tes prières en pratique, c'est-à-dire de vivre selon tes prières.

Efforce-toi de pécher de moins en moins.

Efforce-toi de ne plus dénigrer ton prochain, de ne plus penser ni dire du mal de lui. Trouve en lui les aspects bons et désintéressés. Parles-en et réjouis-toi. Cela génère en toi de la pureté, un calme intérieur et une paix profonde.

Alors ton état d'esprit négatif disparaît peu à peu. Il est remplacé par des pensées positives, constructives et stimulantes de paix, d'harmonie, de bonheur, d'amour, de santé, de confiance, d'espoir et de force.

Afin de pouvoir transformer ainsi une pensée contraire à la Loi en une pensée et une vie positives et constructives, le médecin n'est pas le seul à devoir apporter sa contribution, le patient aussi doit faire quelque chose. Celui qui cherche à guérir doit être prêt à changer son monde de pensées de façon positive et à transformer ainsi sa vie. Le patient et le médecin permettent alors que Moi, le Médecin et Guérisseur intérieur, Je puisse agir de manière renforcée.

Lorsque tu pries, laisse de côté tes sentiments et tes pensées de nature humaine. Sois entièrement concentré sur la prière, car une prière juste est un dialogue avec Dieu, ton Seigneur.

Une gymnastique harmonieuse et équilibrée et le fait de s'adresser aux organes – et en même temps la guérison selon le christianisme des origines, c'est-à-dire la guérison par la foi – ainsi que des méditations apaisantes t'aident également à trouver l'harmonie souhaitée, afin que Moi, la Vie universelle, Je puisse guérir ton organe affaibli et tout ton corps par la conscience spirituelle.

Si celui qui cherche à guérir parvient à l'harmonie souhaitée en faisant des exercices de gymnastique harmonieux et équilibrés, en s'adressant à ses organes, en mettant en pratique la guérison selon le christianisme des origines et en suivant des méditations apaisantes, il devrait s'efforcer de rester également en harmonie afin de ne pas interrompre le courant de guérison. Cela signifie qu'il doit de moins en moins penser à lui-même et à sa maladie, et davantage stimuler les forces positives et désintéressées qui lui sont tout particulièrement transmises lorsqu'il s'adresse à ses organes.

Grâce à un tel rythme cosmique équilibré de l'âme et du corps, une personne ainsi harmonisée mangera consciemment sa nourriture. Suite à l'harmonisation de l'âme et du corps, celui qui est en quête de guérison réduira les substances nocives qu'il privilégiait jusqu'à présent, par exemple de grandes quantités de viande, la nicotine et l'alcool ; et, pour autant qu'il continue à élever sa vibration spirituelle, il y renoncera peu à peu. Il se nourrira davantage d'aliments en accord avec la Loi et que la Terre offre en abondance.

En se nourrissant consciemment, c'est-à-dire en mangeant ses aliments comme étant des dons de Dieu, la force spirituelle de sa nourriture augmentera. Ces forces spirituelles s'écouleront alors vers cette personne orientée consciemment sur Dieu, ce qui renforcera son âme et son corps.

L'harmonie universelle, Dieu, guérit. Dieu est harmonie éternelle.

Pour parvenir au rythme de l'harmonie universelle, de la conscience universelle, l'être humain doit veiller à son rythme corporel.

Celui qui veut acquérir ou conserver la santé devrait s'efforcer d'avoir des mouvements calmes et harmonieux. Cependant, ce n'est possible que si son passé est réglé et que les aspirations de nature humaine ne le dominent plus, donc si ses paroles sont désintéressées et que ses actes correspondent à la volonté de Dieu.

Ce n'est qu'alors qu'une personne vit vraiment. Elle vit consciemment sa journée et peut également la maîtriser. Le calme et l'harmonie intérieurs génèrent concentration et efficacité, ils permettent de reconnaître à temps les faiblesses et les erreurs et donnent en même temps la force de les maîtriser de la bonne manière. Grâce à cette attitude spirituelle, l'âme et son enveloppe humaine conservent un rythme corporel élevé qui permet un afflux accru de la force éternelle.

Surveille aussi ton langage. Ne dis que l'essentiel, et ce que tu dis devrait être noble, bon et désintéressé, porté par la compréhension, la bienveillance, la tolérance et l'amour. Tu resteras ainsi dans le calme intérieur.

Le fait de parler beaucoup et d'exprimer de nombreuses paroles futiles minent également l'énergie du corps et la « batterie vitale » qu'est l'âme.

Ne pense et ne dis donc jamais du mal de ton prochain. Car ce que tu penses et dis, le positif comme le négatif, revient vers toi.

Je le répète parce que c'est essentiel pour l'âme et son enveloppe humaine :

Le positif élève la vibration de l'âme et du corps, tandis que le négatif fait baisser leur vibration jusqu'à des sphères vibratoires dans lesquelles des vibrations de pensées inférieures sont actives et cherchent à influencer la personne concernée.

C'est dans les sphères vibratoires inférieures qu'agissent également les virus et les bactéries nuisibles. Ils peuvent être contractés par une personne tombée au niveau de ces sphères vibratoires. Les germes pathogènes encapsulés dans l'être humain peuvent également se libérer et se mettre à agir si ce dernier transforme négativement son corps énergétique par des pensées basses, de la haine, des disputes et de la jalousie. Chaque maladie est une vibration négative dans le corps.

Si une maladie est très répandue, c'est-à-dire qu'elle se déclare très fréquemment, elle passe alors progressivement dans le domaine de la contagion. Une maladie de plus en plus fréquente est un complexe de pensées négatives. Cela se déroule de la manière suivante :

Des personnes pensent sans cesse à la même maladie, en ont peur et contribuent à ce que d'autres, qui les écoutent et acceptent leurs opinions, aient des pensées identiques ou similaires à ce sujet. La peur de cette maladie génère alors dans l'atmosphère un puissant complexe vibratoire de pensées. Ce complexe énergétique agit sur les virus et les bactéries nuisibles, favorise leur multiplication et souvent leur modification, de sorte qu'ils peuvent même devenir des agents cancérogènes. Il est donc possible – pour prendre un exemple – que le cancer, le fléau de l'humanité, soit transmis par certains virus et bactéries nuisibles, c'est-à-dire qu'il soit contagieux.

Ce complexe de pensées agit en même temps sans cesse sur les personnes qui pensent la même chose ou des choses similaires. Elles sont ainsi incitées à réfléchir encore plus souvent et plus intensément à ce qui les a déjà régulièrement préoccupées. De cette manière également, la vibration de leur corps baisse et atteint alors des zones de vibration d'où se déclenche justement ce qu'elles redoutaient.

Des prédispositions à cet égard se trouvaient dans leur âme, mais elles ne se seraient pas concrétisées si ces personnes avaient changé à temps leur monde de pensées, en passant du négatif au positif.

De tels complexes de pensées se forment également lorsque de nombreuses personnes pensant de la même manière réfléchissent par exemple à la fabrication de produits chimiques, à la transformation de l'atome, à la production d'armes et à bien d'autres choses encore. Que l'être humain prenne ainsi conscience de la manière très variée dont ses forces négatives agissent, déclenchent et produisent des choses qu'il n'est absolument pas en mesure d'appréhender avec son intellect. Toutes ces forces négatives projetées dans l'atmosphère entraînent à leur tour toute une chaîne de mauvaises pratiques qui conduisent par exemple à la pollution des lacs, des rivières et des mers ou à la pollution de l'atmosphère et de la Terre. À cela il faut ajouter les radiations atomiques, ainsi que le réveil de virus et de bactéries nuisibles et leur transformation en germes renfermant un danger de contagion pour une maladie qui n'était pas contagieuse jusqu'à présent, comme dans le cas du « fléau de l'humanité » par exemple.

Au fil du temps, tout cela conjugué produit une pollution de l'atmosphère, des eaux et de la terre. Il en résulte l'apparition de virus.

Je le répète, le fléau de l'humanité, à savoir certains types de cancer, est lui aussi devenu contagieux. Ces virus pénètrent dans le sang à travers l'air et se répercutent dans le corps en fonction de leur intensité. Dans de nombreux cas, il en résulte des nodules qui, s'ils ne sont pas détectés à temps, se disséminent et affectent l'ensemble de l'organisme, cellule par cellule.

Ce qui n'était souvent qu'une prédisposition dans les gènes s'est transformé en virus ou en bactérie nuisible sous l'effet de la force de la pensée et des influences environnementales. La prédisposition à une pneumonie grave peut par exemple être inscrite dans les gènes d'une personne. Par son mauvais comportement, par des pensées pleines de haine et de jalousie qu'elle ressasse sans les contrôler, cette prédisposition se déclare dans les gènes et attaque le corps. Cette personne contracte une pneumonie : elle tousse, elle est fatiguée et est physiquement moins en forme qu'auparavant. Sous l'effet de la fatigue, elle est envahie par davantage de pensées négatives qu'auparavant, par exemple des pensées de haine et de jalousie. Elle ressasse son passé et oublie de cultiver des pensées positives.

Elle prend certes des médicaments, mais s'empêtre de plus en plus dans ses pensées. Elle remue de plus en plus souvent le passé, s'irrite contre les membres de sa famille, envie par exemple la place de travail de son collègue, se dispute et se querelle avec ses prochains. De

cette manière, elle émet des pensées empoison-
nées. Ce qu'elle émet revient vers elle. Tout ce
qui est négatif et retombe sur elle fait baisser
toujours plus bas la vibration de son âme et de
son corps. C'est ainsi qu'elle se rapproche vibratoirement des zones où se trouvent des germes
pathologiques contagieux. Si elle sombre dans
ces domaines, alors elle s'infectera, c'est-à-dire
se contaminera. Elle peut, par exemple, contrac-
ter des virus dans lesquels se trouvent en germe
les prédispositions à la maladie qui est actuellement un fléau pour beaucoup de personnes.

C'est ainsi qu'une pneumonie qui aurait pu
être soignée en peu de temps se transforme, à
cause de pensées erronées, en cancer. De même,
la peur d'une certaine maladie peut justement
susciter la maladie redoutée, pour autant que des
prédispositions soient présentes dans les gènes
ou dans l'âme. La cause est toujours un mauvais
comportement. Les conséquences peuvent être
une maladie, une indisposition ou un coup du
destin.

Si tu ne veux plus créer de nouvelles causes, de manière à ce que des choses négatives, comme la maladie et la détresse, ne continuent pas à se produire, efforce-toi de penser et de vivre de manière positive. Ne pense et ne dis donc jamais du mal de ton prochain. Ce que ton prochain possède, ce qu'il dit et fait ne concernent que ton Père céleste et lui, Son enfant.

Tu peux aller voir ton prochain et l'éclairer. Mais tu ne dois pas le juger. Car ce que tu fais au plus petit d'entre tes frères, c'est à Moi que tu le fais. Si tu juges ton prochain ou dis du mal de lui, tu réduis la force de l'Esprit, Moi, le courant de guérison qui circule en toi.

Si tu as dit du mal de ton prochain ou si tu as mal agi envers lui, demande-lui pardon. Si tu obtiens le pardon, les forces éternelles – les forces saintes – se renforceront à nouveau en toi.

Si tu as obtenu le pardon, ne pense plus à ce qui s'est passé.

Si ton prochain a mal agi envers toi, alors pardonne-lui.

Si tu as pardonné, alors laisse reposer ce qui t'a préoccupé jusqu'à présent, car tu as pardonné.

Celui qui a accompli ces aspects de la Loi, demandé pardon et pardonné, trouve le calme en lui et parvient à la liberté intérieure et à la grandeur de son être.

Celui qui est exempt de haine, d'envie, de peur, de tous les sentiments et pensées dénués d'amour peut obtenir soulagement et guérison pour son âme et son corps.

Si une personne a une attitude positive dans la vie, Moi, l'Esprit, Je peux neutraliser à temps bien des indispositions qui se seraient sinon manifestées.

Donc, prends conscience de la cause et de la genèse de ta maladie ainsi que de leurs conséquences sur toi et tes prochains dans toutes les facettes de ta propre vie. La cause réside uniquement en toi : la manière dont tu ressens, penses et parles et la façon dont tu agis sont essentielles pour ta vie terrestre actuelle et future.

Il y a 2000 ans, la guérison
pouvait être apportée aux gens simples
et pleins de confiance.
Les gens d'aujourd'hui sont eux tournés
vers des valeurs superficielles,
ils sont en dysharmonie et pleins de doutes

De nos jours, à cette époque dite de la technique, avec tous ses bruits et une vie pleine de plaisirs extérieurs pour de nombreuses personnes, il est plus que jamais nécessaire pour chacun de se recueillir, c'est-à-dire de méditer, pour prendre du recul par rapport au monde bruyant et à la concurrence qui y agit et donne lieu à des luttes.

Il y a près de deux mille ans, lorsque J'étais incarné sur Terre, il n'y avait que des pauvres et des riches. La technologie n'existait pas encore et les bruits étaient encore supportables. Les gens simples, pauvres, vivaient davantage avec la nature et ses forces.

Ils ne cherchaient pas à s'enrichir à tout prix et en luttant par tous les moyens. Il semblait impossible aux pauvres de s'enrichir. Ce n'est qu'au cours des époques suivantes, et en particulier à l'époque de la technique, que la classe moyenne s'est développée et qu'il y a eu alors trois catégories dans la société : les pauvres, la classe moyenne et les riches. Maintenant, avec les progrès de la technique, il est également possible à la classe moyenne d'accéder à la richesse. Cet objectif a entraîné une recherche effrénée de biens matériels. Les riches accumulent toujours plus de biens et la classe moyenne aspire à devenir riche. Les pauvres n'ont eux aucune chance de devenir riches. C'est pourquoi, la plupart du temps, ils se contentent de ce qu'ils ont. Dans la mesure où ils ne cherchent pas à atteindre coûte que coûte les conditions de vie de la classe moyenne, ils sont satisfaits avec moins de choses et se tournent, en fonction de la maturité de leur âme, vers des idéaux et des valeurs supérieurs.

Il y a près de deux mille ans, les pauvres menaient une vie plus calme et plus paisible, car ils n'étaient pas confrontés à la technique et à ses bruits dysharmonieux. Comme il n'y avait pas non plus de classe moyenne, les gens pauvres n'étaient pas autant en proie au désir de jouir d'une vie confortable et de posséder des biens. C'est pourquoi leur système nerveux était plus détendu que celui des gens d'aujourd'hui. Ainsi, les forces spirituelles pouvaient circuler plus intensément chez nombre d'entre eux. Par conséquent, les guérisons par l'Esprit de Mon Père étaient plus fréquentes.

À l'époque où les grandes guérisons se produisaient par l'Esprit de Mon Père, Moi-même, le Fils de Dieu, J'étais incarné et vivais dans la conscience élevée de la force primordiale, c'est-à-dire que Je faisais un avec Mon Père au Ciel. Montrer à Mes prochains ce qui est possible par l'Esprit faisait partie de Ma mission divine. Il était rare que les riches soient guéris par l'Esprit,

par Dieu. C'étaient plutôt les pauvres qui, con-
fiants et pleins d'espoir, affirmaient le divin.
Dans leur simplicité, ils acceptaient ce qui leur
était offert, par exemple la force de la guérison
pour l'âme et le corps. Ils retrouvaient la santé
grâce à l'Esprit en Moi, Jésus.

En comparaison, les gens d'aujourd'hui sont
très tournés vers des valeurs superficielles. Ils
doutent, sont sceptiques et souvent tellement
chargés et en dysharmonie qu'ils ne parviennent
pas à mettre en pratique les Lois de la paix et de
l'amour aussi rapidement. Ils parlent beaucoup
et se font toujours plus de soucis au lieu de s'en
remettre avec confiance à Celui qui sait toutes
choses, qui est la santé et la force.

Le corps de celui qui accomplit les Lois éternelles et universelles et les lois de la nature reste jeune et souple jusqu'à un âge terrestre avancé. C'est là une personne cosmique au service de laquelle se trouvent les forces de l'univers.

Ceux qui vivent consciemment avec la nature et orientent tous leurs efforts et leurs aspirations vers le divin ont un état d'esprit noble. Ils ont une conscience développée en conséquence. Une personne de l'Esprit a souvent une attitude corporelle droite et une démarche jeune et souple.

Si le comportement d'une personne vis-à-vis de ses semblables et de la nature est positif, qu'elle inclut dans sa vie tout ce qui vit, qu'elle respecte et estime toutes les créatures et la nature, alors son état d'esprit sera également noble et bon.

Une personne de l'Esprit est également plus intensément traversée par le courant de l'Esprit, par Dieu. Il en résulte qu'elle a un rythme corporel et respiratoire plus harmonieux et que l'air qui entre dans son corps peut se décomposer en ses éléments nécessaires à l'organisme. L'autre conséquence est que le sang, les vaisseaux sanguins et lymphatiques, les muscles, les organes, les glandes et les hormones sont vivifiés comme il faut par des substances salutaires. De ce fait, les états de fatigue et de faiblesse diminuent, ce qui signifie que cette personne devient plus joyeuse.

La nature veut être une amie pour l'être humain.

Celui qui respecte les lois de la nature et se promène consciemment dans la nature aussi souvent qu'il le peut, approvisionnera son corps en oxygène qui agit de façon vivifiante et stimulatrice. Les forces spirituelles afflueront de plus en plus en lui, fortifieront son âme et son corps et les maintiendront en bonne santé.

De par sa composition, le corps humain est semblable à la Terre. Il s'agit donc d'un corps issu de la nature. C'est pourquoi il a besoin de substances produites par la nature.

Si une personne a un état d'esprit noble et pur, que ses pensées correspondent à l'ordre divin, donc si elle est désintéressée, elle agira aussi de manière désintéressée envers les règnes de la nature et les éléments de la Terre.

Si elle vit en unité avec tous ses semblables, elle vit également en unité avec la nature. Il en résulte une vie saine, empreinte de paix, de bonheur et de jeunesse jusqu'à un âge avancé.

L'être humain a autant besoin d'air que de nourriture. S'il manque d'air sain et riche en oxygène, il tombera malade malgré une alimentation éventuellement bonne et naturelle.

Pour que l'être humain reste en bonne santé ou le devienne, il faut que toutes les forces en lui coopèrent correctement : il a besoin d'un air sain, d'une alimentation correcte, de soleil et de pluie. Il a besoin de la terre qui fournit les produits nécessaires à son alimentation et d'une eau saine qui rafraîchit sa structure cellulaire et vivifie l'ensemble de son organisme.

Celui qui perturbe en lui-même, sur et dans la Terre, le cours harmonieux des forces cosmiques sera lui-même « perturbé ». Il devra endurer maladies, souffrances et soucis jusqu'à ce qu'il ne fasse plus qu'un avec la vie cosmique. Celui qui cause des souffrances à ses semblables ou à la nature souffrira lui-même. C'est la loi des semailles et des récoltes.

L'oxygène est Vie.
Le corps humain qui est issu de la nature
a besoin d'air frais, de mouvement,
d'un changement régulier d'environnement,
d'une alimentation correcte

La guérison par l'intermédiaire du système nerveux est un aspect fondamental que Je souhaite faire comprendre à tous.

Si le système nerveux est altéré, quelles qu'en soient les causes, alors des maladies apparaîtront là où des organes sont déjà affaiblis.

L'oxygène naturel et l'air pur contribuent considérablement à détendre et à désintoxiquer les nerfs.

Un air sain et riche en oxygène contient des particules vivifiantes que le corps absorbe non seulement par la respiration mais aussi par l'intermédiaire des cellules de la peau. Un air riche en oxygène dynamise l'être humain tout entier et élève même la vibration de son corps. Une promenade harmonieuse, au cours de laquelle on absorbe paisiblement de l'air riche en oxygène, sans respirer de façon fébrile, a même pour effet de diminuer les pensées pesantes tournant autour de la maladie et des soucis.

Si les cellules reçoivent suffisamment d'air frais en provenance de la nature, il arrive souvent que le conscient et le subconscient des amas cellulaires deviennent plus calmes. Cette personne prend alors du recul par rapport à ses schémas mentaux habituels et ses problèmes. De cette manière, l'ensemble des cellules du corps se fortifie. Lorsque les deux aspects matériels des cellules, le conscient et le subconscient, deviennent plus calmes, Moi, la force spirituelle, l'Esprit, le Médecin et Guérisseur intérieur, Je peux agir plus fortement, aussi bien dans l'âme que dans le corps. C'est pourquoi il est souvent conseillé de changer d'environnement.

L'être humain est un corps issu de la nature et à ce titre il devrait également vivre avec la nature. Beaucoup de personnes ferment les fenêtres et les portes, surchauffent leurs pièces et se privent ainsi de l'oxygène bénéfique pour la santé et de ses particules vivifiantes.

Moi, le Médecin et Guérisseur intérieur, Je vous conseille de laisser l'air circuler dans vos pièces, aussi bien le jour que la nuit ! Ouvrez les fenêtres et les portes aussi souvent que possible, laissez affluer les forces de la nature et inhalez-les consciemment et harmonieusement.

Il faut également faire attention au choix de ses vêtements, s'habiller en fonction de la saison, ni trop chaudement, ni trop légèrement, selon le temps qu'il fait.

Je conseille aussi d'ouvrir les fenêtres la nuit, quel que soit le temps qui s'annonce. La pluie, le vent et le froid dispensent également des forces de façon variée. De cette manière, beaucoup d'oxygène entre dans le corps. Ainsi, les cellules sont vitalisées et se renouvellent également.

Habillez-vous en fonction des conditions climatiques et de la saison. Il ne faudrait pas que vos habits soient trop lourds. La nuit aussi, portez des habits appropriés. S'il fait froid, il faudrait recouvrir votre tête d'un lainage.

S'il vous est possible de dormir à la belle étoile, lors des périodes chaudes du printemps et de l'été, il faudrait le faire. La nature, dispensatrice de force pour la vie de l'être humain, soulage aussi les maladies et guérit, car Moi, l'Esprit, Je suis en tout.

Celui qui dort à la belle étoile pendant les périodes chaudes du printemps et de l'été est pour ainsi dire étendu dans la source de la santé qu'est la Vie. S'il t'est possible de te reposer et de dormir sous des conifères – qui sont de grands fournisseurs d'oxygène –, tu ressentiras alors très vite comme ton corps est fortifié, bien sûr si tu y participes par une attitude de vie positive et que tu harmonises ainsi ton système nerveux. Car c'est par et à travers les voies nerveuses que l'Esprit éternel guérit le corps physique.

L'harmonie est source de santé. Tu y parviens en menant une vie harmonieuse et désintéressée.

Les personnes souffrant de problèmes nerveux ou d'une maladie dite incurable, ainsi que celles qui sont atteintes de paralysie, devraient approvisionner leur corps en oxygène naturel, en se promenant en forêt ou en se reposant dans des lieux appropriés, comme par exemple sous des sapins.

Pour une guérison globale de l'âme et du corps, il est également conseillé de séjourner périodiquement dans des endroits où il y a beaucoup de forêt. Là aussi, qu'il soit à nouveau révélé ceci : changer régulièrement son environnement et transformer ses pensées est une nécessité vitale pour la guérison.

S'il y a suffisamment d'oxygène sain dans l'organisme, les remèdes naturels que prend une personne auront également un effet plus important. Ils entrent en contact dans le corps avec l'oxygène vivifiant qui les stimule alors à agir plus intensément.

Les forces porteuses de Vie qui sont contenues dans l'oxygène font même augmenter la vibration du corps, de sorte que l'ensemble de l'organisme devient plus réceptif aux forces positives.

La synergie de pensées et de paroles positives et optimistes, de couleurs, de formes et de sons lumineux, d'oxygène et de remèdes naturels stimule la conscience spirituelle des organes à une plus grande activité. Les nerfs se détendent et la force éternelle – la force de guérison et de Vie – afflue de manière accrue dans le corps à travers l'âme. À tous ces aspects positifs s'ajoute, comme déjà révélé, le changement d'environnement qui est important pour prendre du recul par rapport au quotidien, par rapport à toutes les vibrations qui, sur son lieu de vie habituel, influencent constamment celui qui cherche la guérison. Il lui faut également une alimentation correcte qu'il détermine lui-même en fonction de la vibration de son corps.

Grâce au changement d'environnement, à l'augmentation de l'oxygène dans le corps, au mouvement, à l'appel des organes, aux couleurs, aux formes, aux sons et aux parfums, il accède à une vibration supérieure. Il en résulte que les sens réagissent plus finement et signalent les substances fortifiantes dont le corps a besoin, notamment en ce qui concerne l'alimentation. Un rythme corporel harmonieux et équilibré, donc un corps en harmonie, communique à l'esprit humain, par le biais des sens, la nourriture dont il a besoin pour rester en bonne santé ou guérir.

Tout est vibration. Ainsi, l'être humain n'est rien d'autre qu'un complexe vibratoire composé de ses sentiments et de ses schémas mentaux. S'il modifie sa vibration, ses sens réagissent en conséquence.

L'être humain est un corps de sentiments et de pensées qui, lorsqu'il est en harmonie, ressent avec la plus grande précision les aliments dont il a besoin et en quelle quantité ou ceux qui lui manquent ou encore ne lui conviennent pas. Celui qui cherche à guérir ne devrait pas choisir une nourriture qu'il n'aime pas ou dont il ressent qu'elle ne lui convient pas. Il lui faut plutôt, sur la base de son ressenti et de sa perception physique qui se font par les sens, donner à son corps la nourriture que celui-ci souhaite présentement et lui signale ainsi. Cependant, là aussi, il faut éviter tout fanatisme.

Il faudrait que les cliniques et les établissements de santé offrent à celui qui cherche à guérir la possibilité de se préparer lui-même un petit repas, à côté du repas pris en commun, lorsqu'il ressent un rejet pour les mets servis en commun. Un corps en harmonie indique, par le biais des sentiments et des sensations, mais aussi par la perception sensorielle, la nourriture dont il a besoin, à savoir les substances dont les cellules ont besoin pour se fortifier et se renforcer.

Comme cela a déjà été révélé, le corps humain est fait pour bouger. C'est pourquoi l'être humain devrait se mouvoir le plus souvent possible et en plein air. Des mouvements fébriles et des marches à pas forcés ne sont pas bénéfiques. Ils entraînent des dissonances dans le corps. Comme déjà indiqué, il faudrait également éviter toute exposition prolongée au soleil, surtout pendant les mois chauds de l'été. Par contre, des promenades dans des régions boisées ou riches en eau, par exemple le long des côtes maritimes, permettent aux particules solaires et aux particules d'oxygène de pénétrer dans le corps, tant par la respiration que par la peau, et de stimuler l'ensemble du corps à retrouver la santé. De même, travailler dans les champs ou jardiner de manière modérée permet au corps d'absorber de l'oxygène et élève sa vibration.

L'oxygène est Vie. Cependant, même l'oxygène ne peut agir dans le corps d'une personne que si, comme déjà révélé, celle-ci change son attitude de vie : les pensées négatives, incontrôlées, pleines de haine et de jalousie doivent être remplacées par des pensées conscientes, pleines de Dieu, optimistes et désintéressées.

La combinaison de tous ces éléments a un effet stimulant sur l'âme et le corps.

Si les amas cellulaires reçoivent trop peu d'oxygène, le cœur et les poumons peuvent en être endommagés. Les artères coronaires s'affaiblissent, se contractent et se rétrécissent. La circulation sanguine ralentit et le cœur doit alors travailler davantage.

Une personne constamment agitée et fébrile peut être victime d'un infarctus du myocarde, car cette agitation permanente lui impose un souffle court et rapide. Cela peut également affecter les valves cardiaques et, par le biais du cœur, l'ensemble de l'organisme.

C'est une loi, celui qui ne vit pas dans la nature et avec elle affaiblit son organisme.

Mais celui qui reconnaît son organisme comme un corps issu de la nature, vivra également avec la nature et affirmera l'action de ses lois et de ses forces qui apportent également guérison et aide.

Il ne suffit pas d'appeler Dieu aujourd'hui en disant « Seigneur, aide-moi » tout en doutant demain de l'aide de l'Esprit. Une foi ferme en Moi, l'Esprit éternel, et une affirmation inébranlable des forces positives produisent un allègement de la maladie et une guérison de l'intérieur.

Un bon médecin soutient le corps par des remèdes naturels et s'efforce d'harmoniser le système nerveux. Il sait que des remèdes naturels très fortement modifiés, devenus des médicaments pharmaceutiques, ont des effets secondaires.

Les remèdes naturels en tant que tels sont mieux tolérés par l'ensemble de l'organisme que les préparations chimiques, à moins qu'ils soient administrés sous des formes hautement potentialisées.

À partir du moment où une personne prend conscience que tout est basé sur des vibrations, elle sera en mesure de comprendre correctement Mes révélations.

Des effets secondaires peuvent apparaître dans toutes les parties de l'organisme. Si, par exemple, l'on prend sans réfléchir un médicament pour aider l'appareil digestif, afin que les aliments soient digérés plus facilement et plus rapidement, il peut déjà en résulter des effets secondaires, c'est-à-dire que le médicament peut agir sur des organes tout à fait différents, surtout si la vibration de l'appareil digestif n'est pas largement en accord avec celle du médicament ingéré.

Chaque action est suivie d'une réaction, également lorsqu'un complexe médicamenteux agit uniquement soit sur le conscient, soit sur le subconscient d'un amas cellulaire. Il peut en résulter une forte fièvre, des grelottements ou des troubles plus importants. Des symptômes d'intoxication ou une pression artérielle faible peuvent également en résulter. Chacun est donc invité à soutenir son organisme, ses nerfs et ses organes avec des remèdes naturels.

Un bon médecin, qui a à cœur que l'âme et le corps de ses patients guérissent, commence à traiter le corps avec des remèdes naturels faiblement potentialisés. Il en augmente très progressivement la potentialisation, en fonction de l'évolution de la maladie, mais ne recourt pas à des formes hautement potentialisées.

Le corps est un organisme vivant qui signale, par l'intermédiaire de son poste de commande central, le cerveau, ce qui lui convient bien ou moins bien. Il réagit également lorsque des médicaments ou des aliments ne correspondent pas à sa vibration. Celui qui vit davantage avec l'Esprit, avec sa conscience spirituelle éveillée, peut reconnaître avec précision les réactions de son corps et sait aussi ce qu'il faut faire.

J'ai révélé qu'il fallait commencer par un remède faiblement potentialisé. La potentialisation du remède naturel devrait être similaire à la vibration de l'organe affaibli. Sa vibration ne devrait être que légèrement supérieure à celle de l'organe affaibli.

Cette approche consiste à s'adresser d'abord au conscient de l'amas cellulaire concerné. Si le conscient s'est apaisé et harmonisé, le patient se sentira mieux, car éventuellement les douleurs diminuent. La potentialisation du remède naturel peut alors être augmentée. Elle a alors un effet apaisant et fortifiant sur le subconscient de l'amas cellulaire.

Lorsque le conscient et le subconscient de l'amas cellulaire sont largement harmonisés, la conscience spirituelle de l'amas cellulaire entre plus fortement en activité, elle attire davantage de forces de Vie et de guérison par l'intermédiaire du noyau central de l'âme. De cette manière, un processus légitime est mis en mouvement : des forces curatives accrues affluent alors depuis le noyau central de l'âme – par l'intermédiaire de l'âme et des centres de conscience dans l'être humain – dans la conscience spirituelle des cellules ainsi que dans le subconscient et le conscient de l'amas cellulaire qui y est préparé.

Chaque action est suivie d'une réaction.
La maltraitance des animaux,
le comportement brutal envers les plantes
et la contamination radioactive
des champs et des forêts retomberont sur
celui qui en est responsable, l'être humain

Chaque son est composé de plusieurs éléments. Un cri de peur ou de joie, par exemple, est composé de divers sentiments, sensations, émotions et pensées. Il s'agit donc d'un complexe avec différentes composantes.

Chaque son est une action, qu'elle soit dysharmonieuse ou harmonieuse. Chaque action contient déjà en elle une réaction. Cela signifie que chaque son revient sous forme de vibration à son auteur ou à des personnes qui ont le même taux vibratoire que les énergies émises. Ces personnes, dont le taux vibratoire correspond à celui du son émis, sont alors influencées ou incitées à penser ou à agir – ceci en fonction de ce qui émane d'elles.

Les ondes de sensations émises par des animaux torturés, maltraités ou tués de manière atroce par des êtres humains sont également des vibrations qui se trouvent dans l'atmosphère et qui reviennent à leur tour vers ceux qui torturent et tuent des animaux. Les animaux dans les abattoirs ressentent également qu'ils vont mourir de manière violente. Les sentiments d'angoisse et de souffrance de ces animaux reviennent vers les responsables de ces souffrances.

D'innombrables animaux souffrent atrocement dans des laboratoires d'expérimentation. Ils sont considérés comme des objets, comme s'ils étaient dénués de sensations. Toutes ces actions et d'autres similaires entraîneront des réactions correspondantes.

Le monde végétal a lui aussi une vie sensible. Lui aussi réagit aux pensées, aux paroles, aux sons et aux actions positives et négatives. Celui qui traite les plantes, les herbes et les fleurs, toute la nature, avec amour et compréhension, recevra également d'elle des substances fortifiantes et vitales, pour le bien de l'âme et du corps.

En revanche, celui qui enfreint les lois de la nature, qui la fait souffrir en employant des produits chimiques, qui arrache des plantes et les jette, qui coupe des arbres et des arbustes en pleine sève, celui-là n'obtiendra guère de la nature les substances vitales dont son corps a besoin.

Les plantes réagissent de manière très fine. Leur vie sensitive réagit, comme cela a été révélé, aussi bien au positif qu'au négatif. Elles développent des substances bonnes et fortifiantes lorsqu'une personne se comporte envers elles selon la Loi. Mais elles développent aussi des substances nocives lorsqu'une personne agit à l'encontre des principes de Vie que sont l'unité et l'amour. Tout comme les animaux, la nature entière enregistre l'état d'esprit de celui qui se promène dans la forêt, les champs, les prairies et les jardins ou qui y travaille.

Les vibrations émises par les animaux, les plantes et même les pierres sont positives à l'origine, car les règnes de la nature ne peuvent pas se charger.

Cependant, lorsque l'être humain se comporte de manière négative envers les enfants de la nature – les animaux, les plantes et aussi les minéraux –, que ce soit par des pensées ou des actions négatives, par la pollution de l'environnement et une irradiation atomique, alors la nature réagit en modifiant sa vibration. Le rayonnement spirituel présent dans les espèces végétales et les pierres diminue. Les plantes développent de nouvelles substances, pas les substances naturelles dont le corps a besoin pour une vie saine, mais des substances nocives qu'en fin de compte, l'être humain a répandues, a déversées et continue de déverser. Les produits chimiques et l'irradiation atomique, tout ce qui est négatif, modifient les substances vitales des plantes, des arbustes, des arbres, des fleurs et des fruits dans les forêts et les champs, également les substances des céréales. La nature émet également ces substances nocives sous forme de vibrations. Comme aucune énergie ne se perd, celle-ci retombe sur ses auteurs.

En raison de tous ces évènements et d'autres encore, les gens tombent de plus en plus malades, surtout ceux qui adhèrent aux valeurs de ce monde. Au fil du temps, des maladies sont ainsi apparues, sur lesquelles les médecins continuent de s'interroger et d'établir des hypothèses. Ils ne parviennent toutefois pas à identifier les détails des causes des symptômes. Les causes des symptômes d'une maladie deviennent si nombreuses et de nature si différente que, dans de nombreux cas, les médecins n'ont d'autre choix que d'avouer qu'ils ne savent plus quoi faire ou alors d'abandonner tout bon sens et d'administrer de manière irresponsable des médicaments et des doses de radiations qui ne provoquent pas seulement des troubles corporels accrus, mais aussi des souffrances et des tourments intérieurs.

Ainsi, certains médecins changeront leur façon de penser et appliqueront la thérapie globale qui s'adresse avant tout à l'âme et ensuite seulement au corps.

Cependant, la thérapie globale ne peut être appliquée que par celui qui s'est analysé lui-même et qui a transformé sa vie, qui est passé de la pensée humaine et intellectuelle à la connaissance spirituelle et à la sagesse divine.

Moi, l'Esprit de la Vie, Je donne des indications, des enseignements et des leçons permettant à chacun d'avoir des prises de conscience sur lui-même et de transformer sa vie. Chacun doit cependant travailler sur lui-même. Le négatif ne disparaît pas tout seul. Chacun doit reconnaître les aspects de son moi humain, son comportement erroné, et être prêt à y renoncer progressivement, c'est-à-dire à ne plus faire ce qui est négatif. Il doit être prêt à agir avec la Loi, au lieu d'agir contre la Loi.

Les médecins devraient s'efforcer de vivre et d'agir d'abord eux-mêmes selon la Loi éternelle, afin de pouvoir alors aider et servir leurs prochains de manière légitime.

Bientôt, les médecins de ce monde seront impuissants face à des maladies qui n'ont encore jamais existé sous cette forme, et ne sauront plus quel médicament prescrire. Les hôpitaux se rempliront aussi peu à peu de personnes malades spirituellement.

À cela s'ajoutent les corps humains irradiés par le rayonnement atomique, qui réagissent de manière très différente au rayonnement radioactif toujours plus fort. Leurs souffrances sont en conséquence.

Au cours de cette évolution, de nombreux médecins devront reconnaître leur propre incapacité ; dans de nombreux cas, ils seront confrontés aux limites de leur savoir-faire.

Les maladies de l'époque à venir seront de plus en plus liées aux dommages causés par les radiations atomiques dans l'air, la terre, les lacs, les rivières et les mers. Au fil du temps, même la nourriture et tout ce que l'être humain ingère – y compris les médicaments et les remèdes naturels – seront irradiés.

La mort physique a de nombreuses causes et touche tous ceux qui se vouent uniquement à la matière, ce qui les rend vulnérables et donc réceptifs aux vibrations négatives, telles que les radiations atomiques, les virus et les bactéries nuisibles.

Cependant, au fur et à mesure que le négatif connaît sa défaite, le Ciel s'ouvre aux créatures souffrantes.

Dieu a envoyé des êtres de lumière

Dieu a envoyé à nouveau des messagers de lumière qui se sont incarnés et qui servent d'instruments au grand Esprit, le Père en Moi, le Christ.

J'ai également envoyé en ce monde un être qui, en habit terrestre, est à Mon service en tant que prophétesse-instructrice et messagère. Par l'intermédiaire de Mon instrument, Je n'enseigne pas seulement les Lois divines en général, mais Je donne des indications et des enseignements sur la façon de mener une vie de manière à accomplir la Loi cosmique, la Loi absolue, afin que les êtres humains puissent guérir et rester en bonne santé.

Le Ciel s'est ouvert et il s'ouvre de plus en plus à toutes les personnes et à tous les êtres de bonne volonté qui sont prêts à réaliser la Loi éternelle de l'harmonie, de la paix et de l'amour afin de se préparer ainsi aux forces cosmiques éternellement harmonieuses et de guérir ou de rester en bonne santé, de parvenir à la paix, à l'amour désintéressé et à la connaissance consciente. Ce chemin mène directement au cœur de Dieu.

Une personne illumine ses semblables et éclaire le monde en fonction de l'intensité avec laquelle Je rayonne en elle.

Celui qui s'est éveillé dans Mon Esprit ne change pas seulement ses habitudes. Sa vie intérieure rayonne à l'extérieur et le transforme fondamentalement. Les traits de celui qui est spirituellement éveillé deviennent plus nobles. Son comportement est harmonieux, car ses pensées et ses sentiments sont en harmonie.

L'habillement de telles personnes est harmonieux, y compris au niveau de la combinaison des couleurs. Elles savent que l'intérieur façonne l'extérieur et que l'extérieur agit sur l'intérieur. Les personnes qui vivent dans l'Esprit savent que l'être humain s'habille en fonction des multiples facettes de son monde de pensées. Elles évitent les tissus à carreaux bariolés et aux couleurs criardes, car ils ont un effet perturbateur sur l'aura, sur le champ énergétique de l'âme et du corps humain. Il est également conseillé d'éviter les tissus lourds et les couleurs sombres. Ils peuvent avoir une influence négative sur le moral des personnes très sensibles qui risquent alors de devenir déprimées et apathiques.

Il est recommandé aux personnes ayant les nerfs fragiles de ne pas porter de vêtements lourds et sombres. Le poids du tissu, les étoffes sombres et à carreaux affectent le système nerveux encore plus qu'il ne l'est déjà en raison des influences environnementales. Toutes les dysharmonies et dissonances extérieures ont un effet perturbateur sur l'âme et sur le système nerveux de l'être humain.

Donc, efforce-toi d'éviter le plus possible ces influences négatives extérieures.

Afin de pouvoir contrer tout ce qui est de nature négative, autant que cela lui est encore possible, une personne devrait transformer sa vie, passer de la dysharmonie et d'une existence centrée sur les valeurs de ce monde à une vie harmonieuse, à l'unité avec Dieu.

Celui qui suit Mes indications trouvera en lui-même la confirmation que Moi, l'Esprit de la Vie, Je suis la Vérité. Par Mon sacrifice sur le Golgotha, il est donné à chaque âme et à chaque être humain de suivre une évolution qui lui apporte le salut et la Vie. Aussi bien l'âme que son enveloppe humaine ont la possibilité, grâce à des exercices spirituels, de s'élever au-dessus des vibrations basses et d'atteindre des sphères plus élevées dans lesquelles agissent la paix, l'harmonie, la santé et la force. En s'orientant consciemment sur les Lois saintes, au fil de son cheminement, l'âme devient une avec Dieu, son Père.

Dieu est partout, Il est omniprésent. C'est pourquoi l'union avec la force suprême est possible pour chacun. Les forces saintes de l'Infini sont au service de celui qui s'efforce chaque jour davantage d'atteindre le but élevé de l'union avec Dieu. Il n'est plus l'esclave de ses passions et de ses convoitises, de ses pensées et de ses sentiments, au contraire, il est maître de sa nature basse.

Lorsqu'une personne est unie à Dieu, son âme est de nouveau un corps spirituel pur. Elle est alors une personne spirituelle ou, par la suite, une personne divine : Esprit issu de Mon Esprit.

Pourquoi des connaissances plus profondes
sur les Lois éternelles
peuvent être révélées aujourd'hui

Dans ce monde, tous les niveaux de conscience vivent étroitement les uns à côté des autres, voire les uns avec les autres. Il existe ainsi un très grand nombre de fréquences vibratoires de nature très différente.

Chaque vibration tente d'agir plus ou moins fortement sur l'autre, ceci en fonction de son niveau vibratoire et de son intensité. Les forces élevées de même vibration se renforcent et se fructifient mutuellement. Les vibrations dissemblables et basses sont rejetées par les vibrations supérieures.

La Loi universelle dit : Les semblables s'attirent, les dissemblables se repoussent.

Comme les niveaux de conscience qui existent dans ce monde sont très différents, la compréhension de la vérité éternelle varie également en conséquence. Ainsi, l'Esprit de Dieu ne peut révéler que ce que l'être humain peut comprendre à l'époque où ces connaissances spirituelles sont transmises.

Ma Parole ne fait que donner des indications, et les explications transmises dans Mes révélations ne sont compréhensibles qu'à celui qui peut se plonger plus profondément dans la Parole.

En cette époque marquée par la technologie, Je peux révéler à Mes enfants humains bien plus de choses que dans les temps passés. Aujourd'hui, les gens sont familiarisés avec la technique et connaissent la loi de l'attraction et de la répulsion. Ils travaillent avec des vibrations, des fréquences. Ils connaissent les différentes intensités lumineuses et leur action. Ils ont des notions sur la structure atomique et connaissent la gravitation.

En raison de tout ce savoir, Je peux également, Moi, l'Esprit, leur donner des connaissances plus profondes sur les Lois éternelles de l'Infini ainsi que sur la loi de cause à effet, car les gens savent que les couleurs, les formes et les sons sont des fréquences, c'est-à-dire des vibrations, que tout est vibration et que tout interagit. En outre, l'être humain a inventé pour ses connaissances de nouveaux mots que J'utilise afin de pouvoir M'exprimer dans ce monde et pour les Miens, pour Mes enfants humains, car Dieu ne possède pas de mots ; c'est pourquoi, Il a besoin d'instruments.

e temps viendra où la technique connaîtra elle aussi un déclin parce qu'elle n'aura pas été utilisée en accord avec la Loi et pour le bien de tous.

Ce grand changement d'ère a déjà commencé. Les êtres humains et les âmes sont en effervescence. Ceux qui sont profondément liés au temporel seront saisis et mus par le temporel. Et ceux qui sont avec l'Esprit, Dieu, seront en communion profonde avec la force primordiale. De cette manière, la lumière et l'ombre entrent de plus en plus en collision.

Dans les domaines ecclésiastique, économique et scientifique, la lumière est en lutte avec les ténèbres. Souvent, on a encore l'impression que les ténèbres mènent une marche victorieuse contre Moi, le Christ, et qu'elles Me mettent en échec, Moi, l'Esprit. Mais ce n'est là qu'une apparence – pas une réalité.

L'ère où Moi, le Christ, Je serai victorieux, a commencé. Malgré les combats, les guerres, la dévastation, la pollution radioactive et tout ce qui frappe la Terre et les êtres humains, Je reste le vainqueur. Car Je suis la Lumière du monde.

Un profond pressentiment spirituel saisit de nombreuses personnes qui sont en lutte avec elles-mêmes, avec leur nature inférieure. Elles ressentent que de grandes choses s'annoncent et vont se produire, car une nouvelle ère, l'ère de l'Esprit, émerge avec effervescence du négatif et va renouveler la Terre et le monde.

Les forces de l'Infini entrent en lutte avec les forces négatives.

Beaucoup de gens connaîtront une nouvelle ère, l'ère d'une vraie humanité.

Moi, le Christ, j'ai introduit la Nouvelle Ère et Ma lumière rayonne toujours plus fortement dans le monde et dans le cœur de ceux qui M'aiment. Par eux et à travers eux, Je vais toucher tous ceux qui sont encore centrés sur le monde. Car tous doivent retrouver le cœur de leur Père qui est aussi Mon Père.

Durant cette époque où la lumière du Christ grandit, beaucoup de malades recevront de l'aide. Les opprimés trouveront la liberté et les asservis le chemin de la libération.

Mon ère a commencé, l'Ère du Christ.

J'agis à travers les Miens. Aide et secours sont dispensés aux malades, aux souffrants et aux affamés. Ceux qui sont aveuglés reconnaîtront leur aveuglement et beaucoup Me trouveront, Moi, le Sauveur des âmes et le Fondateur de la vraie humanité.

Venez tous à Moi, vous qui êtes fatigués et chargés ! Je veux vous aider, vous servir et vous donner en fonction de votre foi. L'aide, la Lumière du monde, Moi, le Christ, Je viendrai donc dans la nuit obscure.

Je libère les âmes asservies et les personnes qui ont peur.

La Terre sera transformée par la force primordiale, tout comme l'âme est transformée par Moi, le Christ. Je fais toutes choses nouvelles, Je fais tout évoluer vers le Père, vers la lumière.

Une révolution spirituelle
va introduire la vraie humanité.
Portez les fardeaux les uns des autres.
Prie et travaille. Donne et reçois.
L'aide correcte aux personnes dans
le besoin – le vrai travail missionnaire

La révolution commence d'abord dans l'âme et son enveloppe humaine qui doivent reconnaître que le matériel, ce qui a été conçu par l'être humain, est en train de disparaître et que le spirituel va émerger, devenir visible à travers les personnes de la Nouvelle Ère.

Si, au cours des deux mille ans passés, les âmes et les êtres humains s'étaient efforcés d'évoluer spirituellement, l'expansion du manteau terrestre qui, après le Royaume de Paix, fera éclater en morceaux ce qui est matériel, n'aurait pas lieu d'être.

Le respect de Dieu commande à ceux qui aiment vraiment Dieu de suivre les Lois éternelles.

Le pain de l'Esprit est la Vie du corps. C'est pourquoi la Loi qui vaut pour tous ceux qui aspirent à Dieu est la suivante : Portez les fardeaux les uns des autres.

Mais cela ne signifie pas pour autant que certains doivent être à la charge des autres parce qu'ils ne veulent pas travailler et gagner leur pain.

Le juste aide celui qui est sur la voie de la justice. Mais celui qui ne veut que recevoir et ne veut pas accepter d'enseignements spirituels qui lui permettraient de mettre en pratique la loi « Prie et travaille » aura encore à souffrir jusqu'à ce qu'il comprenne qu'il est lui aussi appelé à mettre en pratique la Loi de l'amour et de l'unité qui dit : « Portez les fardeaux les uns des autres – aidez-vous les uns les autres. » Cela signifie : Soutiens ton prochain qui a faim en lui donnant du pain et des vêtements, mais veille à ce qu'il respecte la loi « Prie et travaille ». Soutiens-le, mais donne-lui en même temps la possibilité de travailler de manière juste.

Il est possible qu'une personne soit aujourd'hui riche parce que c'est la récolte de ce qu'elle a semé dans une vie antérieure. En même temps, elle est appelée à ne pas accroître et amasser ses richesses pour elle-même, mais au contraire à les distribuer et à les donner à ceux qui sont véritablement dans le besoin – non seulement sur le plan extérieur, mais aussi sur le plan spirituel – s'ils sont prêts à accomplir la loi « Prie et travaille ».

Les riches de ce monde ne sont en fait que des gestionnaires de fortune. Ils devraient donc servir le bien commun avec leur fortune. Mais si les riches restent riches à l'extérieur parce qu'ils amassent des richesses et les considèrent comme leur propriété, ils sont pauvres à l'intérieur.

Afin de s'enrichir intérieurement, ils devront être plus démunis dans leur prochaine incarnation, voire pauvres, en fonction de la manière dont l'âme qui était riche en habit terrestre a pensé et vécu autrefois.

Les personnes qui vivent dans la prospérité devraient être au service des plus pauvres, de ceux qui vivent parmi elles dans la solitude et la pauvreté, ainsi que de leurs frères et sœurs qui souffrent dans les pays en développement. Cela ne signifie toutefois pas qu'elles ne doivent distribuer que du pain terrestre. Le pain spirituel et le pain matériel doivent tous deux être donnés dans une juste mesure. Cela se fait par des enseignements spirituels et par la mise en pratique de la loi « Prie et travaille ».

Prier correctement, c'est travailler de manière désintéressée et consciente en accord avec la Loi éternelle. Celui qui ne prie pas correctement, c'est-à-dire qui ne vit pas, ne pense pas et ne travaille pas de manière désintéressée, ne mangera pas non plus à l'avenir. Celui qui ne travaille pas de manière désintéressée n'aura pas non plus de pain à l'avenir. La loi des semailles et des récoltes fait tout apparaître au grand jour.

La loi « Prie et travaille » demande également que l'être humain se nourrisse dans le respect de la loi de la nature, que ses pensées soient désintéressées et que ses actions servent le bien commun. C'est ainsi que l'âme et son enveloppe humaine guérissent.

Les missionnaires des différentes religions voyagent dans de nombreux pays où des personnes souffrent de la faim. Ils exercent leur activité en de nombreux endroits – la plupart du temps, elle consiste en une prédication biblique et en des dons matériels.

Je pose la question suivante : pour les âmes ignorantes et obscurcies ainsi que pour les corps malades, à quoi servent les paroles pieuses de la Bible et les médicaments destinés à soulager les souffrances extérieures ? Beaucoup de personnes souffrant de la faim et de la misère manquent de nourriture intérieure, de pain spirituel, c'est-à-dire qu'il leur manque une attitude juste envers la vie. Pour amener les personnes vivant dans la misère et la faim et marquées par le destin à une véritable prise de conscience et à un changement de comportement, il ne faut pas seulement des paroles pieuses, du pain terrestre et des médicaments.

L'être humain a besoin de bien plus : les personnes malades, qui ont faim et qui souffrent doivent certes d'abord être fortifiées physiquement, mais en même temps, il faut aussi leur expliquer la loi « Prie et travaille ». Il faut leur donner la possibilité de travailler.

Une personne spirituelle est un travailleur fidèle dans la vigne de son Seigneur.

Celui qui travaille recevra aussi un salaire.

Et celui qui travaille correctement et en même temps ennoblit son être parviendra à la métamorphose dans l'Esprit. La chenille, celui qui est asservi et opprimé, deviendra un papillon, une personne de l'Esprit.

Les personnes qui vivent dans l'Esprit connaissent la loi « Prie et travaille ». Elles l'appliquent également de la bonne manière.

Il est écrit : C'est par le travail de tes mains ou « à la sueur de ton front que tu gagneras ton pain ». Cette affirmation vaut pour ceux qui n'ont pas appris à travailler correctement et qui ne sont donc pas des modèles pour leurs semblables et pour tous les habitants des pays en développement. Travailler de la bonne manière signifie : d'abord donner, ensuite recevoir.

Mais tu ne dois pas donner pour recevoir. Donne et sers de manière désintéressée. C'est pourquoi il n'est pas non plus conforme à la Loi de se contenter de fournir du pain aux personnes dans le besoin qui vivent dans les pays en développement, sans les inciter à travailler de la bonne manière.

Ceux qui ne font que prendre et qui n'apprennent pas à donner, ce qui fait aussi partie de tout travail, ne voient qu'un côté des choses. Ils pensent que seuls leurs prochains doivent donner et qu'eux-mêmes ne pourraient que recevoir, puisqu'ils ne possèdent rien.

C'est pourquoi celui qui reçoit devrait aussi apprendre à donner. La loi « Prie et travaille » comporte les deux aspects : donner et recevoir.

La conception selon laquelle seule une certaine catégorie de personnes devrait donner, engendre avec le temps une attitude léthargique chez ceux qui ne font que recevoir. Cette attitude ne peut que mener à des complications, car elle ne correspond pas à la Loi universelle. De telles conceptions des choses ne peuvent donc que générer un appauvrissement supplémentaire et un chaos encore plus grand, car l'équilibre – prier et travailler, donner et recevoir – fait défaut.

Si la balance de la justice, qui contient dans un plateau ce qui est donné et dans l'autre ce qui est reçu, n'est remplie que d'un seul côté, cela entraîne tôt ou tard des difficultés, la maladie et la déchéance.

C'est une tâche vitale pour plusieurs générations que de faire connaître la loi « Prie et travaille » à ceux qui ne pensent qu'à prendre, en particulier dans les pays appauvris et sous-développés. Seuls des chrétiens qui comprennent les Lois éternelles au plus profond d'eux-mêmes et les pratiquent également peuvent opérer cette transformation, aider à passer du fait de prendre au juste équilibre entre donner et recevoir. Seules de telles personnes peuvent aider dans ce sens des âmes et des personnes centrées uniquement sur le prendre.

Bien que de nombreux missionnaires exercent leur activité, rares sont ceux qui sont au service de leurs prochains de façon juste, avec humilité et désintéressement, selon la Loi de l'amour et de la liberté. Les lectures de la Bible à elles seules ne suffisent pas à faire en sorte qu'une personne accomplisse la loi « Prie et travaille ». Ceux qui sont centrés uniquement sur le prendre doivent être guidés et dirigés selon la Loi éternelle.

La faim et la misère sont les signes extérieurs d'un appauvrissement intérieur. Cela ne signifie pas pour autant que de telles personnes doivent continuer à rester dans cet état. Il est écrit : Portez les fardeaux les uns des autres. Les chrétiens sont donc invités à aider leurs frères et sœurs pauvres, à leur enseigner la loi du « Prie et travaille », à en donner eux-mêmes l'exemple et à les instruire, afin que ce commandement puisse être réalisé : Portez les fardeaux les uns des autres et aidez-vous mutuellement de façon légitime.

Comme la loi du « Prie et travaille » n'est pas mise en pratique dans les pays en développement, ou seulement en partie, une grande insatisfaction règne parmi les plus pauvres des pauvres. Des vagues de jalousie, d'hostilité et d'accusations contre ceux qui vivent dans la prospérité sont émises vers les pays riches. Ces énergies de jalousie, d'hostilité, de haine et d'accusation exercent tout particulièrement leur influence sur ceux qui auraient les moyens d'assister de manière juste les plus démunis, de les soutenir et de leur enseigner ce que signifie : celui qui travaille a aussi du pain, et celui qui vit selon les Lois éternelles ne souffrira jamais de la faim et de la misère.

Ce vrai travail missionnaire a été négligé à grande échelle. C'est pourquoi, Mon appel est encore valable aujourd'hui : Allez, enseignez et baptisez. Par le mot « baptême », Je veux dire le baptême de l'Esprit. Lorsqu'une personne a largement réalisé les Lois éternelles, l'Esprit l'inonde et agit en elle, elle est redevenue Esprit issu de Mon Esprit.

À l'époque actuelle, J'instruis à nouveau des personnes qui M'aiment et qui s'efforcent de Me consacrer leur vie.

Guidées par l'Esprit éternel, les personnes de la Nouvelle Ère accompliront ce qui correspond à la Loi : enseigner même aux plus démunis des pauvres la loi « Prie et travaille » et leur expliquer comment l'accomplir dans la vie quotidienne afin d'avoir du pain physique et spirituel.

Mais, comme souvent déjà durant les deux mille ans passés, ces personnes sont à nouveau méprisées par de nombreux chrétiens de façade qui disent du mal de celles-ci parce qu'elles pensent et vivent différemment que les chrétiens superficiels. C'est justement toujours à la demande d'une autorité étatique ou ecclésiastique que l'on a maltraité et torturé en Mon nom ceux qui vivaient et enseignaient le vrai christianisme de l'amour du prochain et de la miséricorde et qui voulaient le porter dans le monde entier. Le temps des atrocités n'est pas encore complètement révolu.

Malgré toutes les adversités, un nouveau genre humain est en train d'émerger ; il accomplit les Lois de la Vie, tandis que celui qui est centré sur ce monde dépérit peu à peu, affaibli par la luxure, la maladie, la souffrance et les radiations atomiques.

La Nouvelle Ère sera initiée par la purification de la Terre, car dans tous les domaines, celle-ci est polluée et aussi contaminée par des radiations radioactives.

Toutes choses seront faites nouvelles.

Les fourneaux de la Terre sont les mers qui se réchauffent sous l'effet de l'irradiation atomique. La Terre est la plaque de cuisson des mers. Elle va faire bouillir beaucoup de choses. L'activité volcanique va augmenter et les calottes polaires vont fondre. La radioactivité augmentera. Il n'y aura plus la moindre petite herbe qui ne sera pas irradiée. L'axe de la Terre va se modifier et les mers échauffées recouvriront et purifieront la Terre. À cela s'ajoute la modification des constellations planétaires. Par leur rayonnement, les planètes entraîneront également la purification de la Terre.

Il y aura un nouveau ciel et une nouvelle Terre.

La nouvelle Terre sera habitée par des personnes qui vivent dans l'Esprit.

Les personnes qui vivent dans l'Esprit apprennent à aider leurs semblables de la bonne manière, avec les moyens les plus simples, mais investies de la force la plus précieuse : l'Esprit de l'amour et de la sagesse qui maintient tout en vie.

Le temps viendra où les pauvres pourront eux aussi bénéficier de ce qui les édifie spirituellement et physiquement : mener une vie dans l'Esprit, qui amène aussi le pain physique.

Un nouveau genre humain émergera, un genre humain qui vit en Moi, qui enseigne, et à travers lequel Moi, le Christ, la Vie, Je guéris.

Moi, l'Esprit, J'apporte à toutes les personnes de bonne volonté le Royaume de Dieu, le Royaume de la Paix.

L'amour de Dieu vient sur cette Terre à travers les Miens. Que celui qui peut le comprendre le comprenne.

Je suis venu pour aider et guérir à nouveau, pour servir les Miens.

Le feu de la révolution spirituelle brûle. C'est Moi, le Christ, qui l'ai allumé.

Que cela soit dit une nouvelle fois : Allez, enseignez et baptisez ! Que celui qui a des oreilles pour entendre.

Les causes que l'être humain crée sont donc multiples, tout comme le sont les effets, les maladies, les souffrances, les soucis et les détresses.

Des causes ont été semées. Ce qui a été semé se développe et se manifeste dans la matière.

C'est pourquoi J'appelle cette révélation : Causes et genèse de toutes les maladies.

eaucoup de ceux qui se nomment aujourd'hui chrétiens, qui vivent dans la richesse et agissent contre Ma Parole, souffriront de la faim et de maladies dans leurs prochaines incarnations, en raison de l'enchaînement des causes et des effets, car ils déversent aujourd'hui du poison sur la vie chrétienne authentique en train de germer.

La loi « Les semblables s'attirent » fait qu'une âme chargée ne peut s'incarner que dans un corps dont les caractéristiques génétiques correspondent aux charges de cette âme.

Ainsi, ceux qui, aujourd'hui, veulent écraser le vrai christianisme naissant et ceux qui, malgré la pauvreté dont souffrent leurs prochains, continuent à se vautrer inconsidérément dans la richesse, devront un jour rendre des comptes. Celui qui aujourd'hui ne vit pas et n'enseigne pas la loi « Prie et travaille » de manière juste, sans y inclure également les plus démunis, souffrira un jour de son attitude.

Certains croient que tous ceux qui vivent dans le péché, dans leurs charges, qui ont faim et vivent dans la misère, doivent de cette manière expier des fautes et que, par conséquent, il ne serait pas nécessaire de les aider. Cette vision des choses n'est pas compatible avec la Loi de l'amour du prochain. Si des âmes incarnées dans les pays en développement portent de très lourdes charges, cela ne signifie pas pour autant qu'elles doivent expier ce qu'elles ont causé autrefois.

Selon la Loi de l'amour du prochain, ceux qui ne vivent pas dans la pauvreté et la misère devraient apporter leur aide. Mais cette aide doit aller au-delà de la nourriture terrestre et des produits pharmaceutiques – et aussi au-delà de la parole de la Bible.

Seule la Parole de Dieu vécue est pleine de force. La Parole est la Loi. Elle doit d'abord être vécue par le « missionnaire » lui-même. Si la Loi éternelle est mise en pratique, alors il n'est plus nécessaire de la lire en la prenant à la lettre. Il n'y a plus besoin non plus d'un livre pieux. C'est là la Parole vécue, qui n'est pas seulement exprimée sans être lue, mais qui est aussi mise en pratique de manière juste.

Dieu n'a pas de mystères et de secrets

À l'école qui mène à la vérité intérieure, l'être humain apprend les Lois profondes et éternelles. Il est instruit de telle sorte qu'il comprenne correctement les Lois éternelles de Dieu et qu'il soit capable de les appliquer à lui-même et ensuite dans le monde. C'est pourquoi Je donne aussi un aperçu des processus internes aux gènes, au patrimoine génétique, en rapport avec l'âme qui s'incarne et celle qui est incarnée.

Le nouveau genre humain, en qui la vérité éternelle commence à éclore, qui s'épanouit dans l'accomplissement du Sermon sur la Montagne, n'est pas tel un aveugle qui croit que Dieu ne permet pas que l'on voit dans Ses mystères et Ses secrets !

Dieu n'a pas de secrets pour Ses enfants humains, à moins que l'un d'eux ait des secrets pour Lui. Autrement dit, si quelqu'un se ferme lui-même au courant divin, il ne connaît alors pas les Lois. Celui qui ne connaît pas les Lois est aveugle à la vérité. Seul celui qui est aveugle spirituellement dit : Dieu ne permet pas que l'on voit dans Ses secrets.

Si Dieu, notre Père éternel, avait des secrets pour Ses enfants, donc s'Il devait leur cacher des pensées de la Création et certains fonctionnements de la Loi, Il serait imparfait, tout comme l'être humain est imparfait.

Celui qui marche dans Mon sillage accomplit les Lois éternelles. Je suis venu dans ce monde pour enseigner et vivre les Lois – et pas seulement pour en parler !

Il est demandé à celui qui Me suit de faire de même. Alors son œil spirituel s'ouvre, il voit l'Existence et pas seulement les apparences. Le mystère est levé, car il est devenu divin. Les voiles sont tombés, les brouillards du moi humain se sont dissipés, il voit clairement la vérité.

Les pensées sont des forces. Elles peuvent agir aussi bien sur les gènes de la femme que sur ceux de l'homme, ceci en fonction de la nature des pensées et des prédispositions présentes dans les gènes.

Les prédispositions contenues dans les gènes sont décisives pour déterminer le sexe de l'enfant. Il est déterminé autant par la femme que par l'homme, dans la mesure où ces derniers se trouvent dans la loi de cause à effet. Les prédispositions au féminin et au masculin se trouvent chez les deux sexes, chez l'homme et chez la femme. Les partenaires déterminent le sexe de l'enfant selon ce qui est inscrit en eux, c'est-à-dire en fonction de la loi de cause à effet.

Si, lors de la conception, les forces des deux partenaires sont sensiblement à égalité, il se forme généralement un être féminin – à condition que cet équilibre des forces ne change pas après quelques jours. Si c'est la femme qui domine en termes de forces, c'est alors un être masculin qui se forme, également à condition que cette inégalité des forces ne change pas.

Donc, si le volume de forces de la femme est plus important que celui de l'homme, les aspects masculins en elle se mettent à vibrer davantage. Il en résulte dans ce cas qu'en termes de forces, la femme est supérieure à l'homme. De ce fait, ce sont surtout les aspects masculins qui sont sollicités dans l'ovule à féconder. Le résultat est qu'un être masculin se développe dans le ventre de la mère.

Dans un ovule qui s'apprête à être fécondé, il existe un mécanisme de commande puissant qui est maintenu en action par la constellation des planètes – et qui correspond aux charges des deux partenaires. Grâce à ce processus régi par des lois, l'ovule qui s'apprête à être fécondé attire les forces qui agissent plus fortement en lui. Car l'union entre une femme et un homme n'est pas non plus le fruit du hasard, mais l'effet de causes semées.

Mais il est aussi possible que la Loi absolue réunisse deux partenaires. Cela se produit lorsque les deux, l'homme et la femme, ne sont plus dans la loi de causalité, dans la loi des semailles et des récoltes.

Si un enfant est conçu par des partenaires au niveau de la Loi absolue, les spermatozoïdes et l'ovule n'ont pas de charges. Ils ne sont pas soumis au rayonnement de la loi de cause à effet, mais à celui de la Loi pure.

Les semblables s'attirent. Il naît alors un enfant qui porte en lui des idéaux et des valeurs élevés, la Vie issue de l'Esprit. C'est dans ce sens qu'il faut voir aussi la conception de Jésus de Nazareth en qui Moi, le Christ, Je me suis incarné.

Les sensations, les pensées et les paroles sont des forces. Elles peuvent soit monter de l'âme, soit s'infiltrer de l'extérieur et être absorbées par l'âme et son enveloppe humaine – dans la mesure où celles-ci ont en elles une correspondance, c'est-à-dire une prédisposition à cet égard.

Les sensations, les pensées, les paroles et les désirs, qu'ils soient positifs ou négatifs, peuvent – si on les remue sans cesse – avoir une influence sur les gènes, ceci proportionnellement à leur intensité. En d'autres termes, l'homme et la femme agissent tous deux sur leurs propres gènes, et également sur l'ovule qui va être fécondé.

Lorsque l'équilibre des forces de la nature est perturbé, par exemple après des guerres ou des catastrophes, et qu'il y a un manque important d'êtres masculins ou féminins, la loi de la nature rétablit l'équilibre :

De même que la lune, en liaison avec le soleil et d'autres planètes, dirige les marées et, par le biais des courants magnétiques, stimule et régule les accouplements au sein du monde animal, de même, par le biais des courants magnétiques, le rayonnement des astres agit de manière renforcée sur les êtres humains lorsque l'équilibre des forces homme-femme est fortement perturbé.

Si, par exemple, il n'y a pas assez d'êtres masculins, alors la lune, en associations avec le soleil et les astres, stimule les aspects masculins dans les gènes. La lune – en association avec le soleil et les astres qui, au moment de la conception, exercent une influence particulière sur les personnes présentant un taux vibratoire approprié – rétablit ensuite progressivement l'équilibre homme-femme jusqu'à ce qu'il soit suffisant selon les lois naturelles de l'attraction, également appelée polarité.

L'équilibre des forces, y compris celles entre l'homme et la femme, fait partie de l'harmonie des forces de cette Terre et de tout le système solaire.

L'être humain est invité à respecter les Lois de l'Infini et à les appliquer à lui-même et envers la Terre. S'il ne le fait pas, parce qu'il intervient dans l'équilibre des forces, dans l'équilibre écologique, alors sa relation avec son environnement – et avec son prochain – est également perturbée.

C'est pourquoi, sois vigilant, car chaque instant de ta vie renferme en lui des aspects différents – contenus dans tes pensées, tes sentiments, ta volonté et tes actions – qui correspondent aux charges de ton âme et à ton mode de vie actuel.

La joie et la souffrance, la maladie, la santé et le bien-être sont entièrement déterminés par l'être humain lui-même. Chacun est le bâtisseur de son destin et de sa vie.

À chaque instant, chacun est amené à prendre une décision : pour ou contre la Loi éternelle. Ses sentiments, pensées, paroles et œuvres sont sa vie, ils sont l'être humain lui-même. À travers ce qu'il est, il agit sur son environnement – mais aussi sur lui-même, car ce qu'il sème, il le récoltera, en positif comme en négatif.

Ainsi, une femme enceinte peut également agir sur les gènes de son futur enfant en fonction de ses pensées et de sa vie. Si la vie de la future mère est équilibrée et harmonieuse, si ses sensations sont nobles et ses pensées bonnes, si elle vit consciemment, c'est-à-dire dans la certitude de la toute-puissance de Dieu qui englobe tout, également son enfant en devenir, il est alors éventuellement possible que beaucoup de choses qui au moment de la procréation se trouvaient peut-être comme un glaive du destin suspendu au-dessus de l'homme, de la femme et de l'enfant en devenir, soient transformées dans les gènes. Ce qui change dans les gènes de la mère peut également se modifier dans l'âme qui arrive, si cela est bon pour celle-ci.

Mais la femme n'est pas la seule à avoir une grande responsabilité vis-à-vis de l'enfant à naître, l'homme aussi. En effet, ce dernier contribue également de manière décisive à déterminer l'âme qui pourra s'incarner. L'attitude positive, aimante et tolérante de l'homme envers la femme est décisive. Son attitude a un effet positif non seulement sur la mère, mais aussi sur l'enfant en gestation et, par la suite, sur toute la famille.

La loi de cause à effet s'applique également aux relations entre les hommes et les femmes, car ils peuvent, par des pensées, des sentiments, un vouloir et une vie erronés, par des querelles et des disputes, construire un karma commun qui, tôt ou tard, produira des effets. Ce karma commun peut également avoir un impact sur l'embryon en développement dans le ventre de sa mère, dans la mesure où ses gènes contiennent des aspects semblables.

Tant que des personnes vivent dans la loi de cause à effet, elles sont susceptibles d'être influencées de multiples façons, aussi bien positivement que négativement. Dans cette optique, l'homme et la femme peuvent, dès la conception, poser les jalons pour l'âme qui arrive. Une âme s'incarne donc en fonction du patrimoine génétique des deux parents ainsi que de leur mode de vie actuel, qui peut être positif ou négatif. C'est pourquoi, chacun est invité à purifier son âme et à ennoblir son corps, afin de ne pas créer de nouvelles causes.

Pour qu'une personne puisse mûrir et grandir, elle doit en premier lieu veiller à son âme et ensuite seulement à son corps. Une âme saine, c'est-à-dire dont la vibration est élevée, donc une âme qui n'a pas de grandes charges, dispose également d'un corps sain.

L'Esprit de la Vie invite l'être humain à s'élever au-dessus de sa sphère vibratoire actuelle en menant une vie éthique, orientée sur Dieu, afin d'accéder à des vibrations plus élevées, plus pures et plus subtiles.

Tant qu'une personne et son âme se trouvent, du point de vue vibratoire, au niveau le plus bas, c'est-à-dire sur le plan vibratoire terrestre, elles sont soumises à toutes les forces négatives des agents pathogènes qui agissent dans ce domaine, dans cette zone vibratoire. Cela vaut pour toutes les âmes et toutes les personnes dont la vibration est identique à celle de la Terre – y compris pour la mère en devenir et son enfant.

Si la future mère contracte, par exemple, un agent pathogène qui la fait souffrir et la cloue éventuellement au lit, l'embryon peut également en souffrir, tout dépend de la nature de l'agent pathogène et de l'intensité avec laquelle il secoue et infeste le corps.

Une nourriture saine, de vibration élevée, a également un effet sur l'être humain, également sur l'enfant dans le sein de sa mère.

Je le répète : tout repose sur des vibrations.

Chaque continent, chaque pays, chaque ville, chaque village et chaque maison possède aussi sa propre vibration. Les personnes qui habitent un pays, par exemple, ont une conscience qui correspond à la vibration de ce pays. En outre, elles sont également réunies selon leur conscience dans une ville ou un village et aussi dans une maison. Le climat ou les produits de la terre ont également la vibration du pays. C'est pourquoi l'être humain devrait se nourrir principalement de ce qui pousse dans son pays ou dans celui où il séjourne depuis longtemps. Le pays, son climat et les produits de la nature qu'on y trouve ont en grande partie la même vibration.

Afin d'atteindre l'harmonie extérieure et intérieure, l'être humain devrait donc également respecter la loi « Les semblables s'attirent et se renforcent ».

310

Les fruits provenant de plantes vivant plusieurs années possèdent davantage de force vitale que les autres parce que ces plantes se sont davantage connectées au rythme cosmique. Les futures mères devraient tout particulièrement en tenir compte. Les vibrations élevées des fruits des plantes qui vivent longtemps ont également un effet positif sur l'embryon. Une pomme, par exemple, possède des substances vitales comme peu d'autres fruits. Dans les différents pays, il existe d'autres fruits qui possèdent une force élevée et qui ont un effet vivifiant et fortifiant sur les êtres humains et en eux, sur la mère et son enfant en devenir.

Si une personne vit consciemment chaque instant, elle absorbera aussi à chaque instant les précieuses forces positives de la Vie ; la mère les absorbera également pour son enfant en gestation.

Dès le moment de la conception, l'embryon dépend à la fois du père et de la mère ; du père indirectement, à travers la mère, et directement de la mère.

De la même manière que les forces positives et négatives parviennent à l'embryon par l'intermédiaire de la mère, une alimentation en accord ou pas avec la Loi exerce une influence sur l'être humain, sur la future mère et sur l'embryon.

La Nouvelle Ère, l'ère de l'Esprit, fait émerger des personnes qui vivent dans l'Esprit, qui sont en meilleure santé, ce qui permet à leurs enfants de naître en bonne santé et pleins de force. La Nouvelle Ère connaît de moins en moins de maladies.

Dans les répétitions, qui sont nécessaires à une meilleure compréhension, Je M'efforce, Moi, votre Rédempteur, d'éclairer sous plusieurs angles les processus et les choses qui agissent sur l'être humain, tant de façon positive que négative, afin que vous saisissiez Ma révélation dans tous ses aspects et appreniez à connaître les causes qui engendrent des effets.

L'ère de l'Esprit conduit de nombreuses personnes – qui aspirent à des buts et des valeurs supérieurs – aux forces supérieures et aux vibrations d'harmonie et de paix qui sont dans l'âme. Les vibrations supérieures ont un effet positif sur l'être humain. Elles harmonisent l'organisme et génèrent la paix dans sa façon de penser et d'agir.

Plus la vibration de l'âme et du corps d'une personne est élevée, plus son système immunitaire est fort. Celui dont l'âme et le corps ne sont plus sous l'influence du rayonnement des astres, dont la vibration s'est élevée au-dessus des influences planétaires – au-dessus des quatre plans astraux –, a une âme lumineuse et spiritualisée ainsi qu'un corps traversé par le rayonnement correspondant. Celui qui s'est élevé au-dessus du champ d'action de la constellation des planètes est en grande partie libéré de la loi de cause à effet, de la loi de causalité.

L'évolution spirituelle agit également sur les gènes et permet de supprimer des caractères héréditaires négatifs ou de limiter leurs manifestations.

La nature offre de multiples exemples et analogies concernant l'évolution, le développement, la croissance et la vie des êtres humains, leurs coups du destin et leurs souffrances.

L'être humain peut voir dans les phénomènes de la nature les composantes de son propre destin.

Un exemple :

Lors d'un tremblement de terre, le centre où le séisme a commencé – l'épicentre – subit les plus fortes secousses. Celui qui vit directement dans cette zone peut perdre tous ses biens. Il peut même être blessé par l'effondrement de sa propre maison. Suite à un tel choc, il est possible que son système nerveux soit bouleversé.

Certains, par exemple, sont donc blessés par l'effondrement de leur maison, d'autres meurent, d'autres encore se retrouvent en état de choc, alors que d'autres sont épargnés de justesse. On peut donc constater que c'est en rapport avec les charges de l'âme de chacun. En fonction des charges de son âme, une personne attire des forces négatives qui exercent ensuite une influence sur elle, également, par exemple, par le biais de bâtiments qui s'effondrent. Les ombres de l'âme sont comme des aimants. Elles attirent des choses identiques ou similaires.

Un autre exemple :
Lors d'une éruption volcanique, les zones situées directement au pied du volcan sont recouvertes par la lave. En revanche, les terres plus éloignées ne sont que partiellement touchées.

Il en va de même dans la vie de l'être humain. Si, par exemple, une personne se trouve vibratoirement très éloignée d'un complexe vibratoire d'agents pathogènes, elle ne sera que légèrement infectée et ne ressentira qu'une indisposition.

En revanche, si l'âme et le corps sont proches de l'agent pathogène, voire se trouvent dans son champ d'action immédiat, cette personne sera plus fortement infectée. En fonction des charges de son âme, elle peut tomber malade ou même devenir souffrante. Ce qui est déterminant, c'est toujours la nature et l'intensité des charges présentes dans une personne.

Dans un sens positif, avec la force de guérison et de Vie, le processus est similaire : plus l'âme et son enveloppe humaine se rapprochent de la source originelle, Dieu, plus cette personne est en bonne santé, harmonieuse et paisible. Lorsqu'une personne s'est rapprochée de la source divine, les forces de guérison et de Vie circulent davantage en elle et ses amas cellulaires sont orientés sur la force de l'Esprit.

316

C'est pourquoi, apprends à maîtriser ton corps. Discipline tes pensées, affine tes sens, et tu entreras alors vibratoirement dans des sphères plus subtiles, dans des zones où la lumière, Dieu, peut agir plus fortement en toi.

Tant qu'une personne est le jouet de ses pensées, elle ne maîtrise pas ses sens. Elle est passionnelle et ne fait que créer à nouveau de la souffrance.

Celui qui veut rester en bonne santé ou la retrouver doit mettre de l'ordre dans ses pensées, discipliner ses paroles et maîtriser ses sens. Il pourra alors être le maître de son corps. Les forces spirituelles servent activement une personne ainsi orientée sur le divin, et ceci dans toutes les situations de sa vie. Celui qui vit en Dieu peut déplacer des montagnes en lui et autour de lui. Cela signifie aussi que ses paroles sont emplies de force ; et ce qui se trouve autour de lui sera à son service.

Celui qui est en harmonie avec Dieu, son Père, est également en unité avec son corps. Cela signifie qu'il ne se plaindra pas de son corps ni de son état. Il dirigera des pensées positives de guérison et de paix dans tout son corps, vers ses organes, ses muscles, ses glandes et ses hormones.

Une personne orientée sur Dieu ne se plaindra pas d'une indisposition, mais se demandera ce qui l'a fait dévier de ses efforts pour vivre en unité avec Dieu. Elle cherchera la cause de la dysharmonie. Ensuite, elle mettra en ordre ce dont elle a pris conscience sur elle-même, afin de poursuivre consciemment son chemin vers l'unité avec Dieu. L'unité grandissante entre l'Esprit, l'âme et le corps entraîne santé, force et bonheur.

Celui qui vit dans l'unité avec Dieu vit consciemment.

Celui qui vit dans l'unité entre l'Esprit, l'âme et le corps est également en mesure de parler avec succès à ses organes, à la société de ses cellules.

L'ensemble de l'organisme, tous les éléments le composant, par exemple les organes, les glandes et les hormones, obéissent à celui qui est en harmonie avec Dieu.

Celui qui est en harmonie avec le divin agit aussi positivement sur les médicaments, les aliments et les boissons.

Par la communication avec la force universelle, il est possible à celui qui est formé spirituellement de se relier intérieurement aux différents organes de son corps – car, comme déjà révélé, chaque organe et chaque cellule possède un conscient, un subconscient et une conscience spirituelle.

La force spirituelle rayonne de manière accrue dans l'âme et le corps de celui qui est en harmonie avec Dieu. Cela signifie que la conscience spirituelle des cellules est active et contrôle le conscient et le subconscient des cellules. De ce fait, les amas cellulaires orientés sur l'Esprit réagissent immédiatement aux ondes de pensée de haute vibration qu'une personne tournée vers l'Esprit émet vers son corps. Comme l'organisme entier est un complexe vibratoire dans lequel chaque organe vibre en fonction de sa perméabilité au rayonnement de l'Esprit, l'être humain peut également s'adresser à chaque organe.

Les pensées et les paroles sont des forces qui sont absorbées par les cellules et les organes. Un écho se produit dans l'organisme, dans les cellules. Le corps – les amas cellulaires – réagit conformément aux pensées, aux paroles et aux actes de chacun.

La conscience des organes réagit aussi bien aux impulsions positives qu'aux impulsions négatives émises par une personne et son environnement immédiat.

Celui qui a appris à maîtriser ses pensées et ses sens peut également préparer son corps à la guérison par l'Esprit.

Ô comprends, à partir de Mes explications multiples et répétées, quelles sont les causes de toutes les maladies et de tout ce qui se passe en général ainsi que la manière dont ces causes sont générées.

Deviens donc consciemment *un* avec l'Esprit universel, avec ton âme et ton corps, avec chaque organe.

Prends conscience que ton corps est l'instrument de ton âme, le véhicule du corps spirituel qui est en toi. Tes pensées, tes paroles, tes œuvres et ton attitude envers la vie sont le carburant de ton corps.

En raison de la technique, l'être humain possède des machines, des véhicules, des avions et bien d'autres choses encore. Si une voiture ou un avion doit te transporter d'un endroit à un autre ou d'un continent à un autre, on met du carburant dans le réservoir et non de l'eau. On met une huile appropriée dans le moteur et non de l'huile alimentaire.

Tu sais que le moteur de ta voiture ou d'un avion ne fonctionnent correctement et ne sont performants que s'ils reçoivent le bon carburant et la bonne huile.

L'être humain est soucieux d'alimenter en carburant et en électricité ses véhicules terrestres, ses avions, ses machines et tout ce que la technique a produit. Par contre, il fait peu de cas de son âme et du véhicule de son âme, le corps. Sans le bon carburant, ni une voiture ni un avion ne fonctionne – tout comme le corps de l'être humain ne fonctionne pas sans l'Esprit, Dieu.

Le corps humain est un corps issu de la nature, dont tous les éléments constitutifs, c'est-à-dire les substances, sont issus de la nature. C'est pourquoi l'être humain devrait vivre *avec* la nature et reconnaître dans toutes les formes de vie de la nature la force motrice, la Vie, l'Esprit. Il prendrait alors rapidement conscience que Moi, l'Esprit, Je suis plus proche de lui que ses bras et ses jambes.

Si une personne se voit comme une partie de la nature, elle se découvre aussi elle-même et comprend l'action de l'Esprit dans la matière.

Elle réalise alors qu'elle n'est pas seulement un corps, mais que dans son corps il y a un corps spirituel, et que le corps physique n'est que le véhicule de ce dernier.

L'âme est incarnée pour se débarrasser dans cette incarnation de ses ombres ou d'une partie de celles-ci, des charges causées dans des incarnations antérieures. C'est pourquoi il devrait être un impératif pour chacun de maintenir son corps en bonne santé par une nourriture saine issue de la nature, par des pensées droites et une vie en accord avec les Lois. Considère et ressens ton corps comme le véhicule de ton âme !

Deviens *un* avec chaque organe en lui procurant les substances nutritives présentes dans la nature, dans les fruits des champs et des forêts. Vivifie ton âme et ton corps par des pensées positives et crée ainsi l'unité avec l'Esprit.

Si tu mènes une vie positive et harmonieuse, tes organes accepteront volontiers les substances de la nature.

Les personnes qui sont en grande partie en harmonie avec leur corps, qui se comportent dans leur vie quotidienne selon les Lois de Dieu, savent aussi interpréter les impulsions émises par leurs organes pour les mettre en garde. Chacun peut acquérir cette sensibilité, à condition de mettre en pratique les Lois universelles et de parvenir ainsi à l'unité avec la Vie.

L'être humain est un enfant de l'univers. Si son âme est lumineuse et son état d'esprit noble, il est alors en communication avec les forces cosmiques.

Par conséquent, celui qui souhaite parvenir à l'unisson avec les forces de l'Esprit doit devenir le vainqueur de sa nature inférieure, de ses passions et de ses sentiments de nature humaine. Il doit faire éclater les chaînes de la haine, de la jalousie et de l'ambition qui empêchent la force divine de servir et d'aider l'être humain.

Lorsqu'une personne éveillée s'efforce consciemment de parvenir à l'unité de l'Esprit, de l'âme et du corps, lorsqu'elle n'a plus de pensées obsessionnelles, de désirs et d'attentes et qu'elle a atteint la maturité spirituelle, sa conscience peut lui indiquer ce qu'elle doit changer dans sa vie pour que son corps gagne en force, en santé et en performance. Lorsqu'une personne est spirituellement éveillée, il est souvent plus judicieux d'entamer des discussions sur son mode de vie, son attitude et son comportement que de se tourner immédiatement vers des remèdes naturels, voire des produits pharmaceutiques.

Une façon de penser et une attitude
de vie correctes sont plus importantes
que des médicaments.
Un contre-exemple :
l'attitude autodestructrice d'un patient

Celui qui prend conscience de sa situation actuelle et change sa façon de penser se prépare dès aujourd'hui à l'époque où il n'y aura plus ni plantes médicinales saines ni médicaments pour l'aider.

Les remèdes naturels ne doivent pas non plus être pris à la légère. Dans certains cas, une attitude de vie saine est plus efficace que des remèdes naturels ou même des produits pharmaceutiques.

Réalise que les pensées sont des forces. Elles influencent et gouvernent le corps ainsi que les désirs et la volonté de l'être humain. Le corps est influencé en fonction de l'intensité des pensées, qu'elles soient positives ou négatives.

Toute personne avertie s'efforcera de purifier son âme et son corps des sensations, pensées et paroles négatives, et s'appliquera aussi à en préserver la pureté. Une alimentation saine fait également partie de ce processus. Les effets sur le corps ont à leur tour des répercussions dans l'âme. L'être humain est ou devient comme sa façon de penser.

A cet égard, voici un exemple dont chacun peut tirer des enseignements pour lui-même ou pour sa famille :

Aujourd'hui, une personne est heureuse. Elle dit oui à la vie, elle est sympathique avec tous ses semblables et en harmonie avec son environnement. Ses sentiments sont nobles, ses pensées sont bonnes. Elle est convaincue que le bonheur lui vient de toutes parts et que la fortune lui sourit. Dans sa famille, tout est bien ordonné et tout le monde semble en harmonie. Elle s'entend bien avec ses amis. Tout va bien. Elle est en bonne santé, elle profite aussi des plaisirs culinaires, de l'alcool et du tabac. À ses yeux, le monde est radieux.

Un jour, elle se réveille après un sommeil agité. Elle ressent une légère indisposition. Ses pensées sont moroses, malgré le soleil qui brille. Elle a perdu sa gaieté. Des soucis et des peurs s'emparent d'elle. Elle ne s'est pas sentie bien pendant la nuit. Des processus qu'elle ne peut pas interpréter se font sentir dans son corps, ce qui la rend songeuse. Elle est abattue parce que son cœur lui fait mal et qu'elle a du mal à respirer. Durant la journée qui suit, elle ressent des vertiges, de la fatigue et des nausées. Sa famille s'inquiète et ses amis lui disent de prendre tel ou tel médicament et de faire ceci ou cela. On lui conseille d'aller voir un médecin. Le médecin établit un diagnostic : insuffisance ou malformation cardiaque. Il l'informe sur les éventuels symptômes associés.

En raison du diagnostic et des explications fournies, cette personne venue chercher de l'aide se sent gravement malade et handicapée. Inquiète des éventuelles conséquences, elle n'ose presque plus marcher ni respirer. Elle observe désormais chaque mouvement et chaque douleur de son corps. « Je suis malade », c'est ce qu'elle pense et dit.

Qu'arrive-t-il maintenant à cette personne autrefois si joyeuse, dont l'environnement n'était que soleil et joie ? Pensive et triste, elle est assise dans un fauteuil confortable. L'environnement dans lequel elle vit est toujours aussi lumineux et agréable, mais elle ne perçoit presque plus rien de ce qui l'entoure. Son humeur est sombre. Elle est accablée de pensées tournant autour de ses soucis et de sa maladie.

Les membres de sa famille s'intéressent à sa maladie. Mais malgré tout, ils continuent à vaquer à leurs occupations, aussi à faire du sport et à pratiquer des loisirs. Ses amis aussi poursuivent leurs obligations et leurs distractions habituelles. Sa famille et ses amis l'emmènent bien avec eux, elle que l'on dit malade, lorsqu'ils vont pratiquer des loisirs et faire du sport, mais

– en raison du diagnostic du médecin et de ses propres doutes – elle n'a plus le droit de pratiquer ces activités qui lui étaient autrefois si chères. Elle se résigne et s'apitoie de plus en plus sur son sort. Il en résulte qu'elle se tient à l'écart de tout divertissement.

En outre, elle ne pratique plus ses activités habituelles au travail et à la maison, car le médecin lui a prescrit du repos. D'un jour à l'autre, elle a également dû changer complètement son alimentation, ses habitudes alimentaires et ses boissons. Tout ce qu'elle aimait tant – ce qui la rendait heureuse et pleine de vie –, elle ne le vit plus que par l'intermédiaire d'autres personnes, donc en étant seulement à la périphérie de ce qui se passe.

Le médecin lui a prescrit des médicaments. Bien qu'elle les prenne régulièrement, la situation ne s'améliore pas. Au contraire, son état s'aggrave.

En raison de ces symptômes, la famille commence également à éprouver beaucoup de compassion à son égard. Sa famille et ses amis la plaignent. Ils s'efforcent vraiment de prendre soin d'elle, qui est désormais malade, voire gravement malade et souffrante, et qui doit renoncer à tout ce qui lui est cher. La compassion et la sollicitude de sa famille et de ses amis vont si loin qu'ils lui conseillent de s'abstenir de toute activité. Ils lui apportent leur aide et se sacrifient pour elle. Malgré leur serviabilité et leurs bons souhaits, la résignation et le désespoir s'immiscent lentement et continuellement en elle. Face à ce qui semble être une longue maladie, les membres de sa famille et ses amis s'habituent à l'idée que cette personne, autrefois pleine de vie, joyeuse et en bonne santé, est désormais malade, voire incurable. Au fil du temps, leur serviabilité diminue et le patient, le malade, se sent abandonné. Pour la famille, il va désormais de soi qu'il est malade, qu'il a besoin de ménagement, de compréhension et d'aide.

Les amis qui au début venaient le voir tous les jours se font désormais de plus en plus rares. Ils ne l'incluent plus guère dans leur vie non plus. De temps en temps, lorsque l'occasion se présente, ils emmènent leur ami malade à leur séance hebdomadaire de sport ou à leurs activités de loisirs où il ne peut plus être que spectateur et observateur. Il se rend compte maintenant que la vie lui fait emprunter d'autres chemins. Le malade apparent, dont les sens étaient et sont toujours attachés au monde et à ses plaisirs, se sent désavantagé par le destin. Il tombe de plus en plus dans la résignation et son humeur devient toujours plus morose. Il se plaint d'avoir dû abandonner du jour au lendemain tout ce qui remplissait sa vie et faisait qu'elle valait la peine d'être vécue. Sa déception vis-à-vis de son entourage, qui ne lui accorde plus suffisamment d'attention, le conduit à une résignation supplémentaire, au désespoir et à l'apathie.

Des pensées de jalousie sont la conséquence de cette profonde résignation due à une mauvaise attitude de vie et à des soins inappropriés. Il envie chacun qui est en bonne santé, heureux et joyeux.

De ces pensées et sentiments envieux naît rapidement une haine envers sa famille et ses amis qui, pense-t-il, le laissent seul face à son destin. La jalousie, la détresse intérieure, le découragement et le déchirement intérieur minent son système nerveux et aggravent ainsi l'état de sa maladie qui n'était au début qu'une indisposition.

Que s'est-il passé ici ?

Cette personne orientée sur les choses de ce monde n'a pratiquement pas tenu compte des Lois de Dieu ; elle s'en est entièrement remise au diagnostic et aux affirmations du médecin. Cela a eu pour conséquence de changer sa vie d'un jour à l'autre. Selon les conseils du médecin, cette personne, qui était jusque-là en bonne santé, a dû immédiatement changer de régime alimentaire, renoncer au sport et à ses loisirs, et prendre des médicaments en suivant des instructions précises. Le moteur fonctionnant à plein régime, le corps humain, surmené par le sport de compétition et une alimentation trop riche, par l'alcool et le tabac, a été mis au repos d'un jour à l'autre suite au diagnostic du médecin. Ladite maladie devait ainsi être stoppée et guérie. Le médecin s'est basé uniquement sur son diagnostic ; il n'a cependant pas tenu compte de la situation du patient, notamment de son univers mental, de la vie qu'il avait menée jusqu'alors et du prestige qui en résultait. En interrompant immédiatement toutes ses habitudes, l'organisme a subi un choc violent. La machine ultra-performante, son corps, a été complètement freinée du jour au lendemain.

À titre de comparaison, une machine à haut rendement, quel que soit l'objectif pour lequel elle a été construite par l'homme, ne doit jamais être amenée brutalement à la moitié de sa puissance. Elle est progressivement ralentie à une puissance inférieure.

Il faut procéder de la même manière avec le corps physique qui peut être comparé à une machine à haut rendement.

Le corps humain est un corps énergétique, car tout est énergie. En raison du choc subi à l'idée d'être éventuellement malade, voire souffrant, et de devoir abandonner d'un jour à l'autre tout ce qui faisait que sa vie valait la peine d'être vécue, cette personne a perdu son équilibre. Le moteur, l'être humain, a été brutalement réduit à la moitié de sa puissance. Sous le choc de devoir tout abandonner, il est entré dans des sphères de pensées de jalousie et de haine, dans une phase où il pensait à s'autodétruire. De ce fait, la vibration de son corps a baissé de plus en plus. En raison de cette manière erronée de penser, il a été assailli par des complexes de pensées qui l'ont encore renforcé dans ses pensées négatives.

En vue d'une meilleure compréhension, Je le répète :

Tout repose sur des vibrations. Les semblables s'attirent toujours.

La façon de penser haineuse et autodestructrice du patient a crispé de plus en plus son système nerveux, et donc les nerfs les plus fins de ses organes, en particulier ceux qui étaient déjà affaiblis. Les pensées négatives ont eu un effet perturbateur sur sa circulation sanguine et sur son cœur.

Comme son rythme corporel baissait très rapidement et que tout son corps sombrait dans des zones de basses vibrations, ni les différents remèdes naturels ni les médicaments pharmaceutiques n'ont pu apporter un soulagement significatif, voire une guérison. La différence entre la vibration du patient et la vibration des remèdes était trop importante. Les médicaments pharmaceutiques tout comme les remèdes naturels ont eu un effet destructeur sur le corps plutôt qu'un effet stimulant et curatif. L'effet négatif des médicaments s'est renforcé et a également touché d'autres organes faibles et vulnérables. Le patient est devenu de plus en plus malade.

En raison du comportement erroné du médecin et aussi du patient, l'indisposition initiale s'est transformée en une maladie accompagnée des symptômes en découlant. Les sensations et pensées négatives de celui qui au départ cherchait de l'aide, la peur et l'inquiétude pour sa vie, ont contribué de manière décisive à ce que l'indisposition initiale se transforme en maladie. En raison d'une mauvaise manière de penser, de parler et d'agir, le système nerveux s'est de plus en plus crispé et, avec lui, les nerfs les plus fins qui parcourent les organes.

Des nerfs fortement crispés sécrètent des toxines qui, en fonction de la vibration du corps de chacun, soit affectent des organes vulnérables, soit empoisonnent l'ensemble du corps.

Moi, le Médecin et Guérisseur intérieur, le Christ, votre Rédempteur, J'appelle ces poisons les « toxines du système nerveux ». Elles peuvent influencer et endommager l'organisme à tel point que celui-ci ne réagit presque plus aux remèdes naturels ou aux médicaments pharmaceutiques.

La sécrétion de toxines du système nerveux peut provoquer ce que l'on appelle une fièvre nerveuse qui met en vibration tous les nerfs par l'intermédiaire du système nerveux central, de sorte que l'ensemble de l'organisme se met à chauffer, c'est-à-dire à surchauffer. Des congestions et de la chaleur, voire une surchauffe, endommagent les tissus fins du corps. Cette chaleur corporelle inhabituelle et pathologique montre que le système nerveux souffre beaucoup de la pression du conscient et du subconscient.

Les signes avant-coureurs extérieurs sont que la moindre excitation provoque déjà des sueurs. La personne concernée élimine alors de nombreux oligo-éléments, de sorte que son corps devient finalement de plus en plus faible et vulnérable à d'autres maladies. Ces symptômes peuvent également être les signes annonciateurs de l'une des maladies les plus graves qui affectent l'être humain de diverses manières.

Ce que Je révèle dans ce livre donne un aperçu des évènements et des situations variés qui se déroulent à chaque instant dans le monde matériel. L'exemple précédent a montré qu'il est possible que sous l'effet d'une façon de pensée erronée, d'un diagnostic et de conseils irréfléchis et faux, apparaisse une maladie pouvant conduire à la déchéance physique, voire à la mort, alors qu'au départ il s'agissait uniquement d'une dette de l'âme minime ayant fait éruption durant la nuit et qui s'était manifestée au réveil sous la forme d'une indisposition dans le corps.

Ce qui est resté dans l'âme à cause de ce comportement erroné, voire ce qui y a été renforcé, l'âme l'emporte avec elle dans le royaume des âmes après sa désincarnation, c'est-à-dire après la mort de son corps. Elle pourra, avec les mêmes caractéristiques et traits de caractère, réintégrer ce monde dans un autre corps à un autre moment ou à une autre époque.

Ô apprends à te connaître et sois sur tes gardes ! Ne laisse jamais une indisposition se transformer en maladie parce que tu portes sur elle un regard craintif et que tu l'affirmes comme étant une maladie.

*Dans toutes ses incarnations, chacun a
la chance d'activer la force des aspects
positifs en tout ce qui est négatif.
Seul celui qui apprend à se connaître et qui
change ce qu'il reconnaît peut aider
les autres. Toute transformation menant
de l'ignorance vers la connaissance de soi
et l'expérience, se fait progressivement*

Préserve en tout la confiance et la foi en une puissance supérieure !

Garde un optimisme sain malgré les souffrances et les difficultés physiques du moment. Affirme le positif en toi ! Affirme la santé et la force de ton âme et de ton corps. En te comportant ainsi, tu fais appel au positif dans le négatif. Avec le temps, le positif l'emporte sur le négatif et transforme en positif les aspects contraires à la Loi qui agissent encore en toi. Si tu stimules les aspects positifs qui sont présents, en tant que force, en tout ce qui est négatif, alors le positif entre en action et élimine le négatif, ce qui est contraire à la Loi.

Il existe deux possibilités : affirmer la présence d'une maladie et la favoriser ou bien stimuler la guérison et retrouver la santé. Ces deux facultés sont des prédispositions présentes soit dans l'âme, soit dans l'être humain. Ces possibilités sont des chances pour chaque être humain à chaque incarnation – jusqu'à ce que l'âme soit redevenue un être spirituel et vive à nouveau dans la patrie originelle où la paix et l'harmonie absolues sont les principes de base de l'amour.

La loi de cause à effet agit aussi bien dans l'âme que dans son enveloppe humaine. Les pensées et la vie de l'être humain se manifestent par des effets.

Celui qui n'exerce pas de contrôle sur lui-même ne se connaît pas non plus. Celui qui ne se connaît pas lui-même ne connaît pas non plus son prochain. Il n'est donc pas capable de changer sa vie.

Celui qui aspire à une vie positive, qui affirme le bien et affine ses sens, connaît également son corps et peut le diriger en conséquence.

Une personne qui suit les autres accepte tout ce qu'on lui dit et lui conseille. Pour elle, tout ce que son prochain dit et ce qu'on lui recommande pour son corps correspond à la réalité.

Si un médecin ou un psychologue ne se connaît pas lui-même, il ne peut pas non plus connaître ses patients et ceux qui cherchent de l'aide. Il ne regarde que les apparences, l'extérieur, et ne saisit pas les causes réelles. Il tâtonnera dans l'obscurité jusqu'à ce qu'il se soit exploré lui-même et que tout devienne plus limpide et plus clair en lui.

Celui qui veut apporter son aide à son prochain doit d'abord mener une vie consciente, s'explorer lui-même et spiritualiser sa vie. Ce n'est qu'alors qu'il lui sera possible de voir clair dans son prochain et de l'aider de manière juste.

La transformation qui fait passer de l'ignorance à la connaissance profonde de soi ne s'effectue pas du jour au lendemain, mais progressivement, en fonction de l'intensité avec laquelle une personne se soumet à son propre contrôle et met en pratique ce qu'elle reconnaît. Cette transformation conduit à un changement total qui mène à redevenir purement spirituel.

Celui qui apprend à voir clair en lui change ; sa vie devient progressivement positive et consciente.

L'être humain est tel qu'il pense. Et il réagit en fonction de la manière dont il pense et vit.

Avec ses pensées, qui constituent sa vie, une personne exerce une influence sur l'ensemble de son organisme, sur chaque organe et chaque cellule de son corps.

Si jusqu'à présent, quelqu'un n'a pas fait attention à ses pensées et à sa manière de vivre, et qu'il commence aujourd'hui à penser positivement, il ne peut pas s'attendre à ce que son organisme, ses cellules, ses organes, ses muscles, ses glandes et ses hormones changent d'un jour à l'autre et réagissent immédiatement de manière positive. Une réorientation progressive est nécessaire. Une personne orientée sur l'extérieur n'est pas en mesure de faire en sorte que du jour au lendemain sa manière de ressentir, de penser

et de vivre soit uniquement positive et désintéressée.

Toute croissance est soumise à des fluctuations. Celui qui se détourne d'une façon de penser de nature humaine pour penser et vivre selon les Lois, c'est-à-dire de manière spirituelle,
en fait également l'expérience.

C'est pourquoi il serait tout aussi erroné de
mettre l'organisme au régime du jour au lendemain. Les amas cellulaires se résigneraient, car
ils sont habitués à un autre rythme de vie et à
un autre mode alimentaire. Ce comportement
erroné aurait des effets négatifs, par exemple
de la fatigue, de l'épuisement, de l'apathie, de la
dépression et notamment de l'agressivité. Dans
de nombreux cas, ces effets se retourneraient
également contre l'entourage du patient, qui lui
aurait éventuellement imposé un fardeau en lui
conseillant de changer d'alimentation d'un jour
à l'autre.

L'insatisfaction d'une telle personne ne se répercute pas seulement sur la famille, mais aussi sur ses amis et ses connaissances. Ceux à qui

l'on retire tout du jour au lendemain deviennent rancuniers et tyranniques. En fait, ce sont leurs amas cellulaires, le conscient et le subconscient de leurs cellules qui se révoltent et réclament ce à quoi ils sont habitués depuis longtemps. C'est pourquoi changer les habitudes de l'organisme devrait se faire lentement, sans fanatisme.

Toutes les difficultés, tous les problèmes et toutes les maladies ont une origine spirituelle. Chaque maladie a une cause spirituelle.

Le médecin et le patient devraient s'efforcer de trouver ensemble la cause de la maladie, qui se trouve toujours sur le plan spirituel. La source de toutes les indispositions, maladies, soucis et coups du destin se trouve, comme révélé, sur le plan spirituel.

Il est donc conseillé à celui qui cherche à guérir de prêter davantage attention aux réactions de son corps. Le corps, l'organisme, réclame par le biais de ses organes sensoriels ce qu'il veut ou ce dont il a besoin. À l'école de la Vie menant de la bonne manière à la santé, on ne satisfait que partiellement les exigences et les souhaits des amas cellulaires et du corps. En d'autres termes, les désirs des amas cellulaire qui ne sont pas en accord avec la Loi sont réduits progressivement. Il s'agit de passer doucement d'habitudes humaines anciennes à une vie en accord avec la Loi.

Les cellules et les organes se manifestent à travers les organes sensoriels. Ils communiquent aux personnes éveillées ce dont ils manquent.

L'organisme révèle donc par le biais de ses sens, par exemple, ce dont il a besoin comme substances fortifiantes pour créer les conditions nécessaires à une guérison venant de l'intérieur.

C'est pourquoi il faudrait appeler cette méthode de guérison « guérison par l'Esprit, Dieu ».

Si une personne tient compte des signaux émis par son organisme, ce dernier se prépare alors lui-même à la guérison par l'Esprit.

Si l'Esprit, l'âme et le corps sont dans une large mesure en unité, la guérison par l'Esprit, par Dieu, a lieu.

Si une personne réduit sa consommation de stimulants – qui souvent empoisonnent le corps parce qu'ils crispent les nerfs, de sorte que ceux-ci sécrètent des toxines – et s'efforce de penser de manière positive, c'est-à-dire divine, elle percevra les signaux de son corps. Elle fournira alors à son organisme ce dont il a besoin pour se préparer à la guérison par l'Esprit.

Les médecins, que j'appelle aussi les « apôtres de la santé », devraient commencer par s'efforcer de désintoxiquer le corps de la personne en quête de guérison avant de lui prescrire des remèdes naturels appropriés. En effet, un système nerveux crispé et un corps suracidifié et intoxiqué par les toxines du système nerveux ne peuvent guère absorber et assimiler des remèdes naturels. Dans ce cas, ces derniers quittent l'organisme sans avoir produit d'effet positif.

Les médecins devraient donc procéder lentement à un changement dans l'organisme, à sa désacidification et à sa désintoxication. Ils s'efforcent de traiter et de stimuler les amas cellulaires de manière à ce que ces derniers émettent des signaux adéquats, afin que le patient ressente lui-même ce qui est bon ou moins bon pour lui.

C'est uniquement lorsque le corps réagit que les amas cellulaires et les organes sont suffisamment prêts pour collaborer d'eux-mêmes à la guérison. À ce moment-là seulement, l'organisme apprécie une alimentation correcte et saine et sait l'utiliser de manière à ce que les organes malades puissent assimiler les substances appropriées. Il en va de même pour les remèdes. Un organisme actif met à profit de manière adéquate la nourriture et les remèdes.

Il existe au sujet de la préparation du corps à la guérison spirituelle une vaste thérapie que Moi, l'Esprit du Christ, je ne fais qu'exposer de manière générale dans cette révélation. Chaque organisme vivant montre la manière dont il a été programmé. Si le programme qui lui a été transmis est erroné, il doit être lentement et aussi prudemment réorienté vers une programmation positive. Cela signifie que cette personne doit non seulement adhérer à une vie positive, mais également vivre en conséquence.

Cette méthode de guérison apparemment nouvelle et profonde pour les personnes de la Nouvelle Ère provient de la vérité éternelle ; elle a seulement été recouverte par l'intellect et de vaines illusions.

L'harmonie engendre la santé.
Des informations supplémentaires sur
les toxines du système nerveux

Prenez conscience que les nerfs sont des éléments constitutifs importants du corps humain. Si l'on accorde une grande attention aux nerfs dès le début du traitement, l'organisme reçoit la première impulsion pour coopérer positivement. La personne se détend et est prête à transformer positivement ce qui l'a façonnée jusqu'à présent et à en tirer les conséquences qui s'imposent.

Le système nerveux est affecté principalement par une mauvaise façon de penser, mais aussi par une mauvaise alimentation. De grandes quantités de nourriture fatiguent également le système nerveux. Il se crispe et sécrète avec le temps des toxines qui empoisonnent l'ensemble de l'organisme, à moins qu'elles ne soient détectées à temps et que le corps soit alors désintoxiqué et désacidifié.

Les toxines du système nerveux provoquent également des paralysies. Si les nerfs restent crispés pendant une longue période et que l'être humain mène une vie malsaine, qu'il consomme beaucoup de viande, de poisson, de tabac, d'alcool et autres, alors des symptômes de paralysie d'intensité variable peuvent apparaître.

Une calcification des vaisseaux sanguins – des dépôts sur leur paroi – peut également être provoquée par des nerfs constamment crispés qui, en plus, sécrètent des toxines.

Les toxines du système nerveux peuvent également contrer les médicaments et les remèdes naturels : elles modifient les propriétés des substances végétales et pharmaceutiques et peuvent ainsi entraîner des effets secondaires.

Certains parlent aussi des « poisons de l'âme ». Cependant, en parlant ainsi, ils assimilent l'âme au système nerveux. L'âme, le corps spirituel chargé qui habite l'être humain, n'émet pas de poisons. Les causes créées par l'être humain sont toutefois enregistrées dans l'âme et produisent leurs effets dans le corps.

Pour être en bonne santé et le rester, une personne devrait s'efforcer de parvenir à l'harmonie dans tout son être et dans son environnement immédiat. L'harmonie produit la santé.

Aider les autres correctement, sans se nuire à soi-même et sans rien leur imposer. Chacun est l'artisan de son destin

L'être humain devrait également économiser ses forces. Par exemple, des pensées, des paroles et des actions erronées ainsi qu'un excès de paroles, en particulier lorsqu'elles sont futiles, coûtent à l'organisme davantage d'énergie que de travailler dur et de façon concentrée pendant plusieurs heures.

Celui qui fait siens les soucis et les problèmes de son prochain en réfléchissant intensément à son comportement, en discutant avec lui pendant des heures à ce sujet, éventuellement en s'énervant parce que celui-ci ravive sans cesse les mêmes difficultés et problèmes anciens, ouvre la porte aux vibrations des problèmes de son prochain et les fait siennes. Il s'y ouvre à cause de la mauvaise humeur qu'il éprouve à l'égard de son prochain parce que celui-ci parle sans cesse des mêmes soucis et problèmes.

Les raisons qui poussent les gens à parler continuellement de leurs soucis et de leurs problèmes peuvent être multiples. Certains, par exemple, veulent se donner de l'importance, d'autres veulent être pris en pitié.

Écouter sans cesse une personne qui parle toujours du même problème et en discuter continuellement avec elle n'est pas en accord avec la Loi. Des forces sont ainsi soutirées à celui qui se prête à cette écoute ; les répétitions minent son système nerveux, ce qui, s'il est affaibli, peut déclencher une indisposition, voire une maladie.

De telles situations peuvent donc conduire celui qui a voulu aider et qui réécoute sans cesse les mêmes problèmes, à ce que son propre système nerveux se crispe et sécrète des toxines qui peuvent ensuite affecter son organisme et déclencher une maladie.

352

Chacun est invité à aider et à servir son prochain autant qu'il le peut, en fonction de son propre développement spirituel et de ses possibilités extérieures.

Écouter en permanence les mêmes difficultés et problèmes de ses semblables n'est toutefois pas un commandement spirituel. Celui qui parle toujours des mêmes soucis et problèmes ne veut pas s'y attaquer pour les surmonter, mais veut au contraire les utiliser pour se donner de l'importance, se valoriser ou susciter la pitié.

Celui qui sert son prochain de manière désintéressée est protégé du négatif qui vient de l'extérieur. Mais il lui est également recommandé de bien gérer ses forces physiques et spirituelles.

En revanche, celui qui sert les autres par ambition, pour recevoir des louanges et de la reconnaissance, et qui utilise ainsi à mauvais escient les forces de son âme et de son corps, en souffrira.

Celui qui écoute sans cesse les soucis et les problèmes de son prochain, qui s'en agace et s'énerve, sans lui conseiller de renoncer à ce qui est négatif ou de régler ces aspects du passé, s'infecte lui-même avec les vibrations de celui qui est en proie à des problèmes.

La Loi dit aussi : Aide ton prochain de ton mieux, en paroles et en actes, mais ne lui impose pas ton aide et ne le force pas à accepter ce que tu crois être bon pour lui.

Si ton prochain n'est pas disposé à suivre tes bons conseils et à accepter ton aide, s'il veut seulement se donner de l'importance, alors laisse-le libre, mais ne le rejette pas. Si tu l'as informé de sa situation selon les lois de la Vie et qu'il ne veut pas accepter des éclaircissements et des aides en accord avec la Loi, alors garde le silence et prie d'autant plus pour lui.

Il est du devoir de toute personne vivant dans la réalisation des Lois éternelles d'éclairer ses prochains sur la loi de cause à effet, sur la nécessité de remettre et de laisser également à l'Esprit éternel, au Médecin et Guérisseur intérieur, tout ce qui est de nature humaine et qui les préoccupe, soucis, souffrances, problèmes, indispositions et maladies.

Celui qui connaît les Lois éternelles doit également expliquer à son interlocuteur en quête d'aide ce qu'est le pardon et la demande de pardon, afin que celui-ci soit également conduit de cette manière à des prises de conscience sur lui-même.

Le Très-Haut a donné le libre arbitre en héritage à chaque âme et aussi à chaque être humain. Par conséquent, ne force pas ton prochain à faire ta volonté. Chacun doit prendre lui-même conscience que sa propre façon de penser et d'agir détermine le cours de sa vie.

Sachez que le présent d'une personne constitue son avenir.

En d'autres termes, ce qu'elle accomplit aujourd'hui de bien, de moins bien, voire de contraire à la Loi, façonne son avenir, c'est-a-dire la suite de sa vie terrestre ou encore sa vie en tant qu'âme dans les aires de purification.

Chaque minute est précieuse pour l'être humain. C'est pourquoi, mets à profit chaque instant, chaque minute !

L'âme se trouve en habit terrestre pour apprendre à vivre selon la Loi. Celui qui ne vit pas selon la Loi, c'est-à-dire qui n'ennoblit pas sa pensée, ses sens et ses aspirations, n'apprend pas non plus à penser, parler et agir de manière divine ; il ne fait que végéter. Il gaspille le temps et les forces de cette existence.

Chacun forge lui-même son destin. Les correspondances présentes dans l'âme et son enveloppe humaine – les sentiments, les penchants, les désirs et le vouloir – sont comme l'enclume d'un forgeron.

En fonction des pensées, des paroles et des actes d'une personne, d'autres penchants, pulsions, sentiments, pensées, paroles et œuvres peuvent être posés sur l'enclume, sur ses correspondances. Chaque être humain est donc le forgeron de son destin, l'artisan de sa vie.

Celui qui vit *avec* ce monde est également soumis à l'arbitraire de ce monde. Il est le jouet de ses propres pensées et désirs, mais aussi des pensées et désirs de ses semblables.

Une personne pataugera dans les marécages qu'elle a elle-même créés jusqu'à ce qu'elle parvienne à des prises de conscience et à la mise en pratique des Lois, et s'éveille ainsi à une spiritualité supérieure.

La différence entre Rédempteur et Consolateur

Celui qui vit en Moi, la Toute-Puissance, obtiendra consolation, salut et rédemption, car Je ne suis pas seulement le Rédempteur de toutes les âmes et de tous les êtres humains, mais aussi le Consolateur dans la souffrance, la douleur et la détresse. Le Consolateur et le Rédempteur sont deux forces en une seule, en Moi, la force du Christ.

La force partielle issue de la force primordiale est la force de la rédemption. C'est d'elle aussi que provient la force consolatrice qui apporte réconfort et aide à l'âme souffrante et à l'être humain asservi.

La force rédemptrice libère ceux qui sont de bonne volonté, tournés vers Moi, de leurs liens à des opinions, des conceptions, des philosophies et schémas de pensées. Elle élève l'âme éveillée et aspirant à Dieu vers la force primordiale et la ramène peu à peu dans le sein de Dieu.

La force consolatrice est donnée à l'âme encore faible et enchaînée, et à l'être humain qui – malgré les exhortations spirituelles et les éclaircissements spirituels – ne s'éveille pas et ne ressent pas la nostalgie de Dieu. Ce sont des âmes et des personnes qui, en raison de leurs charges, sont encore trop faibles pour reconnaître et comprendre la vérité, pour faire le premier pas vers Moi.

La force consolatrice apporte réconfort et aide à l'âme affaiblie et à son enveloppe humaine qui est malade, souffrante et affligée par le destin. Elle leur donne la force de porter leur destin. Elle provoque dans l'âme et son enveloppe humaine un soulagement et un éclaircissement de l'humeur. Elle permet à l'âme asservie et à son enveloppe humaine qui souffre de retrouver régulièrement espoir.

Le merveilleux amour divin du Père agit de multiples façons à travers Moi, Son Fils, qui en Jésus de Nazareth ai incarné la miséricorde de Dieu.

La force consolatrice agit également dans toutes les âmes et tous les êtres humains qui ont à souffrir des effets d'une grande dette de l'âme, qui ne peut pas encore être transformée parce qu'elle contribue au développement et à la maturité spirituels de l'âme.

La force du Consolateur est également dispensée aux âmes qui, dans cette vie ou dans des vies à venir, retournent toujours à nouveau sur un seul et même niveau de conscience pour s'acquitter d'une grande charge. Il s'agit d'âmes en habit terrestre qui s'acquittent, au cours de plusieurs incarnations, d'une seule et même dette dont elles se sont chargées au cours de l'une de leurs vies antérieures.

En effet, parfois, une dette de l'âme importante ne peut pas être acquittée en une seule vie

terrestre, car les forces physiques ne le permettraient pas. Autrement dit, une personne ne serait pas en mesure de porter ce fardeau en une
seule fois.

Si la force qui réconforte et guérit, contenue
dans la force rédemptrice, ne venait pas en aide
aux âmes et aux êtres humains encore faibles,
beaucoup se briseraient sous le poids de leur
destin.

Dieu est amour. Tous les êtres humains et
toutes les âmes reçoivent cet amour – en fonction de leur développement et de leur maturité
spirituels.

La force qui réconforte et guérit, le courant
partiel issu de la force rédemptrice, ne stimule
pas encore directement l'évolution dans l'âme
et son enveloppe humaine, mais elle soutient,
réconforte, aide et guérit, afin que l'âme faible
et l'être humain souffrant soient fortifiés et
puissent alors suivre le chemin de l'évolution.

Si les liens de l'importante charge présente
dans l'âme se dénouent et que la vie spirituelle

commence à germer dans l'âme et son enveloppe humaine, alors la force rédemptrice qui élève vers une spiritualité supérieure entre en action de manière renforcée.

Une grande charge de l'âme peut également se constituer au cours de plusieurs vies terrestres au cours desquelles une personne commet toujours les mêmes fautes. Elle doit éventuellement être effacée en plusieurs parties, au cours de différentes incarnations. Les âmes et les personnes qui se trouvent encore sous ces effets ne feront pas de grands progrès sur le chemin d'évolution pendant cette période.

Les charges de l'âme et de son enveloppe humaine ne peuvent être transformées et effacées par Moi, l'Esprit du Christ, que si ces dernières sont prêtes, par des prises de conscience, à se repentir, à demander pardon et à pardonner, ainsi qu'à grandir et à mûrir spirituellement par la mise en pratique des Lois saintes.

Ce n'est que lorsque les fautes, faiblesses et péchés identiques et similaires, anciens et sans cesse renouvelés, ne sont plus commis, que l'âme et son enveloppe humaine s'engagent sur le chemin de l'évolution spirituelle.

Comme beaucoup de personnes sont obstinées et intraitables, elles souffrent beaucoup des fardeaux qu'elles se sont imposés.

Le Consolateur, l'Esprit saint, est aussi le Rédempteur, l'Esprit du Christ, qui agit de multiples façons pour aider les âmes et les êtres humains, pour les secourir et les ramener dans leur patrie céleste.

Je suis en Dieu, Mon Père, cette force qui réconforte, aide, guérit et sauve.

Je Suis.

L'Esprit se trouve en tout ce qui existe, en tout ce qui vit.

L'Esprit éternel, la Vie absolue, est aussi le Consolateur, le Guérisseur et le Rédempteur de chaque âme et de chaque être humain.

En celui qui est encore lié à la roue de la réincarnation par les charges de son âme qui ne sont pas encore effacées, la vie divine agit indirectement.

L'Esprit éternel est harmonie.

L'harmonie s'exprime par des couleurs, des formes, des sons, des parfums, des mouvements et des paroles. Plus l'âme et son enveloppe humaine vivent en harmonie avec Dieu, plus le rayonnement de l'âme et du corps est pur. La vie d'une telle personne s'exprime alors par son humeur calme, des vêtements aux couleurs et formes harmonieuses, le choix de parfums délicats et discrets, des mouvements gracieux et esthétiques ainsi qu'un langage chaleureux, spirituel et désintéressé. Une telle personne est donc en harmonie.

Le champ vibratoire de l'âme et de son enveloppe humaine est fait des sensations, pensées, paroles et actes dont l'âme s'est chargée, donc qu'elle s'est appropriés au fil de ses incarnations, de ses pérégrinations terrestres.

Jusqu'à ce que toutes les ombres soient effacées de l'âme et de son enveloppe humaine, le pèlerin qui chemine vers l'Absolu connaît des hauts et des bas, des joies et des peines, l'obscurité spirituelle et la lumière.

Lorsqu'une personne est soumise à des fluctuations, à de grandes oscillations entre joie et souffrance, entre dépression et espoir, c'est le signe qu'elle est encore sous l'influence des astres et de son environnement. Une diminution de la fréquence et de l'intensité de ces fluctuations, de ces hauts et de ces bas, indiquent que l'âme et son enveloppe humaine deviennent toujours plus libres et lumineux.

L'être humain doit ennoblir ses pensées, ses émotions et ses penchants, et affiner ses sens, afin de grandir et de mûrir spirituellement. Sans observation et maîtrise de soi, l'âme et son enveloppe humaine végètent littéralement. Elles gaspillent le temps qui est si précieux en vivant à l'aveuglette dans l'ombre de leur moi, sans respecter les Lois éternelles.

Le libre arbitre venant de Dieu signifie que Moi, ton Rédempteur, Serviteur et Aidant, Je ne peux t'assister et te libérer de ton mal que si tu te tournes vers Moi. Des prières du bout des lèvres ne suffisent pas. Il est nécessaire de prier avec le cœur et de changer ses pensées, sa vie et ses actes de nature humaine en les spiritualisant. Sans effort personnel, il n'y a pas de réalisation et d'accomplissement des Lois saintes, pas de cheminement vers le Royaume intérieur.

En vue d'une meilleure compréhension, que cela soit répété : Ce qui trouve un écho en l'être humain, ce qui l'énerve, correspond à son être ; c'est ce qu'il est lui-même.

Néanmoins, celui qui veut spiritualiser sa vie et sortir du champ vibratoire des influences négatives – du champ magnétique des pensées, des sentiments et du vouloir de nature humaine – afin que son âme et son corps obtiennent force, guérison et rédemption, devrait tenir compte de ce qui suit :

Chaque pensée inutile, ressassée, incontrôlée et chaque parole inutile constituent un gaspillage d'énergie.

Celui qui ne contrôle pas sa vie, ses pensées et ses actes élargit et renforce son champ vibratoire négatif, et sombre éventuellement – en fonction des schémas de pensée selon lesquels sa vie se déroule – dans des sphères vibratoires encore plus basses. Là, il accroît ses charges spirituelles jusqu'à ce que ce champ vibratoire produise ses effets et le frappe sous la forme d'une maladie ou d'un coup du destin.

Lorsqu'une âme commence à se libérer de la roue des réincarnations et que son enveloppe humaine, par sa vie orientée sur Dieu et sur les

Lois éternelles, et sous l'effet de Ma grâce, a éliminé en grande partie toutes les charges de son âme, cette personne est alors libre, en harmonie et équilibrée. De telles personnes ont une attitude positive envers leurs prochains, les choses et les évènements. Elles se savent en sécurité et protégées au sein du divin.

Les personnes qui vivent dans l'Esprit connaissent la loi de cause à effet. Bien souvent, elles ont elles-mêmes souffert en raison de leurs pensées et de leurs actions erronées et sont ainsi parvenues à cette prise de conscience : Ce que l'être humain sème, il le récoltera.

Elles sont devenues sages en raison des expériences qu'elles ont vécues elles-mêmes, à travers la loi des semailles et des récoltes. Elles ne sont plus des imitatrices. Elles soupèsent le faux et le vrai. Elles écoutent certes les arguments, les objections et les conseils de leurs semblables et savent les évaluer correctement, mais ne se laissent pas « contaminer » par eux. Elles ne s'énervent pas et ne répliquent pas par des arguments conflictuels et des propos cyniques, mais au contraire donnent une réponse basée sur la Loi éternelle.

Les personnes qui vivent dans l'Esprit ne répondent à des propos de nature humaine, au cynisme et à d'autres choses de ce genre que lorsqu'il s'agit de rectifier des faits, mais elles ne se défendent pas. En revanche, elles apportent des objections pertinentes destinées à faire réfléchir leurs prochains sans pour autant les blesser.

Les personnes qui vivent dans l'Esprit ont une empathie très développée parce qu'elles ne pensent plus à elles-mêmes, qu'elles sont dénuées de pensées et de désirs bas.

La liberté et l'unité avec le divin leur permettent de voir les choses et les évènements tels qu'ils sont et non tels qu'ils paraissent. Les apparences sont trompeuses – pas l'Existence.

Elles puisent dans la conscience spirituelle qu'elles ont développée et n'apportent donc leur aide et leurs conseils à leur prochain que dans la mesure où celui-ci est à même de les comprendre et de les accepter comme il faut. Elles trouvent la juste mesure pour chacun. Elles ne disent que ce qui est nécessaire et en accord avec la Loi. Elles ne vont pas au-delà de la capacité de compréhension de leur prochain.

Une personne spirituelle ne suivra des conseils bien intentionnés que s'ils correspondent à la Loi. Elle ne cherche pas à faire changer d'avis ses semblables. Elle remercie pour le conseil bien intentionné, mais n'y réfléchit pas davantage si elle a reconnu, en raison de son évolution spirituelle, que le conseil n'est pas en accord avec la Loi éternelle.

Elle ne devrait pas non plus parler à d'autres personnes des conseils qu'elle a reçus de son prochain. Car ce que ce dernier lui a confié ou transmis ne concerne que Dieu et Son enfant, personne d'autre, à moins que cela ne soit nécessaire pour aider à clarifier une situation.

Les remarques, instructions et indications, petites et grandes, que Je donne, Moi, l'Esprit du Christ, sont des Lois issues de l'amour et de la sagesse de Dieu. Celui qui en tient compte et vit en conséquence trouve la Clé du portail de la Vie, que Je suis.

Celui dont la manière de penser et d'agir est en accord avec la Loi est de plus en plus un porteur d'énergie de la vie divine.

Tant que quelqu'un se préoccupe encore de choses insignifiantes, qu'il en parle en détail et même qu'il s'en irrite, il ne fait qu'agiter en lui-même ses propres correspondances, son moi, son ego. Ce sont là des caractéristiques de la conduite indirecte de Dieu.

Les gens préoccupés par eux-mêmes, qui parlent beaucoup d'eux et réfléchissent à leurs propres intérêts, vivent encore dans la loi de causalité. Ils sont guidés indirectement par la Loi éternelle, par le biais du rayonnement des astres. Ce qui énerve quelqu'un se trouve en lui-même de façon identique ou similaire.

Ce qui est bas ne possède aucune force par soi-même, à moins qu'une personne ne lui fournisse de l'énergie par une façon erronée de penser et d'agir, car les pensées, les paroles et les actes sont des énergies.

Beaucoup de gens ont peur des maladies et des coups du destin. La peur, comme toute pensée, toute parole et tout acte, est une force magnétique. Chacun attire ce dont il a peur et ce qu'il agite en pensées et dans ses paroles.

La crainte ainsi que chaque pensée, chaque parole et chaque acte ont une cause.

L'une des causes de la peur peut être, par exemple, le fait de dissimuler des choses et des évènements : Le prochain ne doit pas savoir ce qui se passe dans la tête de celui qui a peur. Celui qui éprouve de la peur veut garder ou cacher quelque chose.

La peur repose éventuellement aussi sur des échecs passés, des coups du destin, des soucis, des souffrances, des déceptions et des discordes que celui qui a peur n'a pas encore surmontés ou qu'il n'a pas encore pardonnés à son prochain. Il a alors peur que les mêmes choses ou des choses similaires se reproduisent.

La peur peut également émaner des enveloppes de l'âme qui contiennent encore des choses qui n'ont pas été réglées, réparées. Celui qui est en proie à la peur ne devrait pas tout simplement la mettre de côté sous prétexte qu'elle pourrait provenir de vies antérieures. En effet, la vie d'une personne est un tout. Il n'y a pas de séparation entre ici et là-bas, entre un passé non réglé et le présent. Le passé touche le présent, ceci dans la mesure où il comporte encore des choses qui n'ont pas été réparées.

La peur en tant que telle peut aussi être le signe que le passé, ce qui n'a pas été réglé, est en train de ressurgir et devrait maintenant être réglé, mis en ordre.

La peur n'est rien d'autre qu'un complexe de pensées dans lequel s'expriment éventuellement de l'envie, de l'avidité, de la haine et de la jalousie. Ces pensées, paroles et actes qui ont éventuellement existé dans des vies passées et qui ne sont pas encore réglés touchent maintenant l'âme et son enveloppe humaine dans cette vie. Ils veulent attirer l'attention de cette personne sur la nécessité de mettre en ordre ce qui doit l'être.

La peur, des impulsions de la conscience ou des pensées négatives ont souvent la tâche de mettre en garde quelqu'un. Elles l'incitent à pardonner ce qu'il reconnaît. Celui qui détecte et accepte ces avertissements, qui met en ordre ce qu'il a reconnu, suit le chemin menant à Dieu et n'aura plus à supporter ou à endurer beaucoup de choses.

Demander pardon à son prochain ou à une âme devrait passer par Moi, le Christ, le Rédempteur de tous les êtres humains et de toutes les âmes. Ainsi, celui qui fait cette demande reçoit une protection. Les âmes auxquelles il adresse éventuellement sa demande de pardon ne peuvent pas le toucher, car celui qui demande pardon est alors sous une protection spirituelle.

L'ange gardien d'une personne peut également la toucher et la mettre en garde lorsque celle-ci pense et parle de manière erronée ou donne des instructions et accomplit des actes qui ne sont pas en accord avec la Loi. Celui qui a un esprit éveillé réagit alors immédiatement.

Cette personne ne sait pas forcément pourquoi elle devrait demander pardon ou pardonner. Ce sont des impulsions qui pénètrent dans son monde de sensations, qui la touchent, de sorte qu'elle ressent soudain : « Je devrais demander pardon ou pardonner ; mais je ne sais pas à qui et pourquoi je devrais demander pardon, voire pardonner. » Celui qui est éveillé le fera à travers Moi, le Christ, et parviendra ainsi à la liberté et à la sérénité intérieures.

Celui qui connaît ces aspects de la Loi remarquera ces signes qui se manifestent dans ses sensations. Peu importe qu'il connaisse ou non la personne concernée, à qui il a éventuellement fait du tort ou qui lui a fait du tort, il ne se demande pas s'il s'agit d'âmes ou de personnes qui ont vécu avec lui dans cette vie ou dans des vies antérieures et qu'il a blessées, maltraitées ou insultées, ou qui l'ont insulté ou maltraité. Celui qui sent qu'il doit demander pardon ou pardonner ne devrait pas faire de différence, selon qu'il connaisse ou non la personne concernée. Il doit laisser la demande intérieure de pardon se répandre dans l'univers à travers Moi, le Christ, ou pardonner à travers Moi.

Je suis le Chemin, la Vérité et la Vie. Celui qui exprime sa demande de pardon ou son pardon à travers Moi, le Christ, peut être sûr que ce message arrivera au bon moment et à la bonne heure et qu'il dénouera tout ce qui est lié.

Demande de tout ton cœur à ton prochain de te pardonner, et toi aussi, pardonne ! Car jamais une faute ou une cause n'est unilatérale. Si ton prochain t'a fait du tort, pardonne, et ne te demande pas si lui t'a déjà pardonné. De cette manière, l'âme se purifie et peut recevoir plus de lumière et de spiritualité. L'âme et son enveloppe humaine deviennent ainsi bienveillantes, aimantes et compréhensives.

Ce qui agit sur l'être humain, de l'extérieur ou de l'intérieur, et provoque en lui agitation et agressivité est donc un trait de caractère de son moi humain, car ce qui se ressemble se met toujours en mouvement réciproquement.

Le temps de grâce

L'amour de Dieu se déverse de multiples façons dans ce monde, ce qui comprend aussi pour Ses enfants une intensification de la « période de grâce », appelée aussi « temps de grâce ».

Ce temps de grâce est accordé à tous ceux qui cherchent à mener une vie en accord avec la volonté de Dieu, qui s'efforcent toujours à nouveau de mettre en pratique les Lois éternelles. L'intensification de la période de grâce soutient les premiers pas, petits et grands, de l'âme et de son enveloppe humaine sur le chemin menant à la perfection.

Le temps de grâce est cependant limité à une période déterminée. La grâce agit et offre une protection jusqu'à ce qu'une personne ait accompli les premiers pas solides sur le chemin vers Dieu, la Vie, par des prises de conscience et la mise en pratique des Lois. Si le protégé – par la réalisation des Lois – est en majeure partie orienté sur le but de penser et de vivre de manière divine, alors le temps de grâce, la période de grâce accrue, diminue progressivement. Le pèlerin en route vers le but, vers Dieu, continue à recevoir de la force provenant de la force universelle, afin qu'il puisse continuer à avoir des prises de conscience sur lui-même pour se repentir de ses fautes et y renoncer, mais il n'est plus entouré de l'enveloppe protectrice du temps de grâce.

Par des impulsions intérieures ainsi que par une conduite indirecte passant par l'intermédiaire d'autres personnes, la force intérieure, l'Esprit saint ainsi que l'ange gardien tentent d'exhorter celui qui se trouve dans le temps de grâce à adopter un comportement spirituel juste.

L'Esprit de Dieu et l'ange gardien agissent de manière renforcée à travers la voix de la conscience. Celle-ci est une fonction assurée par certaines cellules cérébrales et aussi par le système nerveux.

Cependant, si une personne ne tient compte que pendant une courte période des impulsions d'éveil provenant du monde divin, si elle n'accepte que temporairement les enseignements et les orientations données par la Loi – ou ne fait éventuellement que les écouter – et qu'elle retourne ensuite dans le monde avec toutes ses habitudes et tous ses vices, alors la protection renforcée se retire.

Par son comportement, cette personne rejette l'aide de Dieu. Cela ne signifie pas que Dieu retire Sa main de Son enfant. Dieu continue à guider Son enfant. Mais l'aide apportée pour le démarrage spirituel, la protection renforcée, diminue. L'Esprit respecte le libre arbitre de Ses enfants.

out est énergie.

De même que tes pensées agissent en toi et sur toi, qu'elles renforcent et harmonisent ton système nerveux, la caisse de résonance de ton corps, ou qu'elles le crispent et provoquent des dissonances, l'eau peut également avoir un effet similaire en toi et sur toi : soit elle t'harmonise, soit elle génère de la dysharmonie.

Un jet d'eau dirigé sur ton système nerveux peut agir comme tes pensées qui soit se répandent en toi, soit au contraire sortent de toi.

L'eau est un élément stimulant. Elle t'amène à un niveau de vibration plus élevé, harmonise ton système nerveux et t'incite ainsi à penser positivement. Tu dois cependant apporter ta contribution : tu dois lâcher prise sur ce qui te préoccupe et Me le remettre ou, selon l'importance de cette charge, le régler, le mettre en ordre.

Un jet d'eau chaude, pas trop chaude, adaptée à la chaleur de ton corps, peut éliminer beaucoup de choses à l'extérieur, stabiliser et charger positivement ton champ magnétique, l'aura.

Si le jet d'eau est correctement utilisé, l'eau magnétise et dynamise le corps. Elle détend le système nerveux qui accueille la force vitale en lui et autour de lui.

En fonction de la crispation et de l'agitation de ton corps, fais couler un jet d'eau chaude le long de ton dos pendant quelques minutes ou un peu plus longtemps. Laisse couler le jet d'eau bien chaude au niveau des cheveux de la nuque. Détends-toi et libère ta conscience de toutes les sensations et pensées basses, de tout ce que la journée a apporté et qui t'a tracassé. Remplace les pensées d'inquiétude par des pensées de paix, de joie et d'unité avec Moi, ton Seigneur et Dieu.

Si tu ne parviens pas ainsi à l'harmonie, alors pendant que l'eau s'écoule depuis ta nuque sur ton système nerveux, écoute une musique douce qui t'harmonise.

Ce procédé stimule à la fois la circulation sanguine et la force spirituelle dans le corps, les nerfs et les cellules.

Sache que la circulation sanguine ne se fait bien et correctement que si le système nerveux est détendu et que les forces de l'Esprit peuvent circuler de manière accrue.

Des jets d'eau très froide ne sont pas en accord avec la Loi. Ils ne détendent pas et n'harmonisent pas, mais au contraire crispent l'organisme et provoquent, également dans le tissu nerveux et le tissu conjonctif, des crispations et des perturbations qui tôt ou tard peuvent entraîner des pathologies nerveuses ou d'autres causes et effets dans le corps. Comme déjà révélé, il ne faudrait pas non plus consommer des boissons glacées, car elles ne sont pas bénéfiques à l'organisme.

De même, il ne faudrait pas entrer dans l'eau froide avec un corps échauffé. Beaucoup savent que ce choc peut provoquer un arrêt cardiaque. Il en va de même pour des jets ou des douches d'eau trop froide.

Ne choque donc pas ton corps. Tout choc dû au froid provoque une crispation du système nerveux. L'eau peut être relaxante et bénéfique pour l'organisme, à condition d'être utilisée correctement.

Si l'eau est utilisée comme thérapie, elle peut non seulement être bénéfique pour l'organisme, mais aussi dissiper des crispations présentes dans l'âme, de sorte que la force de l'Esprit puisse circuler davantage et apporter amélioration et guérison. Tout doit cependant être fait dans la bonne mesure.

De même qu'une eau très froide conduit à des crispations, une eau trop chaude peut affecter le système nerveux et générer à la longue un relâchement des vaisseaux sanguins.

Après une séance d'hydrothérapie, entre dans le silence et laisse les énergies qui agissent en toi se déployer pleinement. Si tu en as la possibilité, allonge-toi entièrement sur le dos, couvre ton corps de linges légers et chauds et reste ainsi, détendu, dans la conscience de la force intérieure, dans la conscience que Moi, l'Esprit, le Médecin et Guérisseur intérieur, J'agis en toi. Si tu te relèves après quelques minutes de repos, remercie Dieu, loue et glorifie Son Nom. Ce faisant, tu agis positivement sur tes cellules, tes organes et ta circulation sanguine. Ainsi, tu stimules ton corps et tu fais croître en toi la force vitale.

L'hydrothérapie, bien utilisée, est un remède. Comprends qu'elle te permet de te fortifier et de guérir. Il est cependant important que tes pensées et tes sentiments soient auprès de Dieu, ton Seigneur, qui se trouve et agit également dans l'eau.

Une aide et méthode thérapeutique utilisant l'eau de manière encore plus efficace est de solliciter les centres de conscience avec un jet d'eau plus faible.

Cette thérapie ne devrait toutefois être pratiquée que par des personnes averties et sages qui ont des connaissances sur la Loi de la Vie. Les personnes qui pratiquent mal ce traitement par l'eau qui cible précisément un point peuvent, dans certains cas, faire plus de mal que de bien.

L'hydrothérapie doit également être accompagnée des forces positives de la pensée. L'hydrothérapie à elle seule n'apporte pas une amélioration et une guérison durables. Les deux sont nécessaires : l'hydrothérapie et un changement dans ses pensées et ses actes. Il faut affirmer les forces de la Vie qui circulent à l'intérieur de l'être humain et qui agissent également dans l'eau.

Tout est énergie. Chaque rayon de forces peut être renforcé ou affaibli par la force de la pensée.

Ainsi, le jet d'eau, qui est également une énergie, peut être chargé d'une force accrue ou, au contraire, voir son efficacité réduite si les pensées de la personne qui cherche à guérir ne sont pas positives. Ici encore, l'attitude intérieure est déterminante.

La Vie, toute existence, est au service de l'être humain. Le soleil, la lune et les étoiles, tous les astres de l'univers matériel et semi-matériel font que les âmes, les êtres humains et les êtres semi-matériels sont aidés et guidés intérieurement. Ils mettent également en mouvement les dispositions présentes dans les âmes incarnées, les êtres humains, et incitent l'âme et son enveloppe humaine – y compris à travers la maladie et les coups du destin – à des prises de conscience et à la réalisation des Lois de Dieu. Chacun est donc l'artisan de son destin et le bâtisseur de sa vie.

Celui qui utilise les énergies dans un sens positif, pour le bien de l'humanité, ira bien lui aussi. Celui qui, par exemple, utilise l'eau de manière appropriée, qui augmente les forces de l'eau par la force de ses pensées, stimule les atomes de son corps. Par l'hydrothérapie, il les amène à une vibration plus élevée, ce qui peut entraîner une guérison intérieure et extérieure.

Si l'ensemble des forces de l'âme et du corps a une vibration élevée, c'est-à-dire si l'être humain est positif, l'énergie de l'eau s'accordera beaucoup plus rapidement à celle du corps. Dans ce cas, une interaction renforcée, une communication des forces de l'eau et du corps, se produit déjà après une courte séance, ce qui stimule la structure atomique du corps.

Si une personne a une attitude négative ou pessimiste envers la vie, l'eau peut certes la revigorer, la rafraîchir et stimuler son organisme, mais ces effets ne sont pas durables et n'ont qu'un succès limité, car ils n'agissent pas en profondeur.

Toutes les forces de l'Infini cherchent à servir l'être humain. Les forces éternelles sont la Loi, Dieu.

La Loi spirituelle dit : Les semblables s'attirent, se renforcent mutuellement et engendrent ce qui correspond à l'orientation de la pensée d'une personne.

*Les quantas, les forces partiellement
spirituelles, sont les vecteurs spirituels
de l'énergie : ils transmettent
la force spirituelle à la matière,
c'est-à-dire aux atomes matériels*

La façon de voir la vie et la manière de vivre d'une personne sont déterminantes pour son âme. L'âme se magnétise en fonction de la manière dont son enveloppe humaine pense et vit. En d'autres termes, l'âme enregistre ce que son enveloppe humaine pense et dit ainsi que la manière dont celle-ci agit.

L'âme et l'être humain sont tous deux constitués d'atomes. L'âme est faite d'atomes spirituels, l'être humain d'atomes matériels. Et pourtant, l'énergie spirituelle rayonne dans l'énergie matérielle, c'est-à-dire dans l'énergie dégradée. Cela se fait par le biais de ce que l'on appelle les quantas.

Les quantas sont des forces partiellement spirituelles. Ils sont des éléments constitutifs de la vie matérielle. La force spirituelle afflue dans le corps physique par l'intermédiaire de ces forces partiellement spirituelles, les quantas. Les subquantas, comme je les appelle, agissent toutefois au préalable. Ils permettent à la force spirituelle d'affluer dans les quantas. Ils ne peuvent pas être vus par l'être humain, car ils sont la substance purement spirituelle de l'atome matériel.

L'atome matériel est dépendant de la force spirituelle qui est constituée d'atomes spirituels. Les subquantas sont des atomes spirituels qui vont jusque dans la matière. Les forces partiellement spirituelles, les quantas, sont en partie de la force spirituelle pure et en partie de l'énergie dégradée, donc de la matière – tout dépend de la façon de voir la vie et de vivre d'une personne. Cela vaut également pour les quantas dans toutes les formes matérielles : La manière dont une personne pense et se comporte agit en conséquence sur son environnement.

La force spirituelle afflue dans l'organisme humain de la manière suivante :

Les forces partiellement spirituelles, les quantas, sont dépendantes de la force spirituelle absolue, des sept forces fondamentales de la création, appelées les attributs et les qualités de Dieu. Rien ne peut exister sans la force spirituelle.

C'est à dessein que Je répète sans cesse que tout est énergie : chaque pensée, chaque parole et chaque acte sont énergie. Comme aucune énergie ne se perd, elle se manifeste donc forcément soit au niveau du corps, soit autour de lui ou encore dans l'atmosphère.

Ainsi, la manière de penser, de parler et d'agir d'une personne influe également sur le nombre et l'efficacité des quantas. Elle détermine donc elle-même l'intensité et le nombre des forces partiellement spirituelles, les quantas. C'est pourquoi, il est possible que le nombre des forces partiellement spirituelles présentes et actives dans les atomes matériels de l'organisme humain soit plus ou moins important selon les personnes.

Comme cela a déjà été révélé, la manière de penser, de parler et d'agir est déterminante. Si quelqu'un est très matérialiste, c'est-à-dire si sa manière de voir la vie et sa façon de vivre sont uniquement axées sur la matière, si ses pensées sont négatives, envieuses, haineuses, s'il est querelleur, jaloux, en conflit avec son prochain, tous ces aspects de nature humaine ont un impact sur la production et l'activité des quantas.

Une manière de vivre matérialiste a pour effet une faible activité des forces partiellement spirituelles, les quantas. Le nombre des forces partiellement spirituelles actives est moindre et les quantas actifs sont principalement visibles, c'est-à-dire matériels.

Plus une personne est spiritualisée, c'est-à-dire tournée vers la Loi divine, en ce sens qu'elle la met en pratique, plus le nombre de forces partiellement spirituelles est important en elle, dans sa structure atomique et, surtout, plus celles-ci agissent au niveau invisible. Il en résulte ce qui suit :

Plus il y a de forces partiellement spirituelles, de quantas, dans les atomes de l'être humain, plus il est en bonne santé, flexible et vif d'esprit.

Je répète afin de permettre à Mes enfants terrestres de mieux le comprendre : Les forces partiellement spirituelles, les quantas, sont issues des cinq types d'atomes spirituels. Elles sont, entre autres, comme révélé, les vecteurs de vie des atomes matériels.

Les atomes spirituels, l'énergie spirituelle atomique contenue dans les particules de l'âme, sont en activité constante.

Le soleil central primordial rayonne dans l'infini par l'intermédiaire des soleils primordiaux secondaires – encore appelés soleils prismatiques – qui décomposent la lumière primordiale en sept fois sept couleurs spectrales. Ainsi, le soleil central primordial atteint toutes les formes de vie, y compris les âmes et les êtres humains, par l'intermédiaire des soleils prismatiques.

Les êtres spirituels, les âmes et les êtres humains sont respectivement rattachés – ceci en fonction de leur mentalité – à l'un des soleils prismatiques, également appelés les attributs et les qualités de Dieu.

Chaque être spirituel ainsi que chaque âme possèdent, comme déjà révélé, un noyau central incorruptible, également appelé cœur spirituel du corps spirituel. Le noyau central est orienté sur l'un des sept soleils prismatiques et par son intermédiaire, sur le soleil central primordial. Chaque âme et chaque être spirituel sont reliés au soleil prismatique auquel est associé l'attribut ou la qualité de l'être spirituel ou de l'âme. Aucune âme ne peut changer l'attribut ou la qualité de Dieu qui agit en elle de manière prépondérante. C'est son rayonnement spirituel de naissance.

Plus l'énergie spirituelle atomique contenue dans les particules du corps spirituel – également appelé âme – est orientée sur le noyau central, plus celui-ci est actif. En raison de son activité accrue, il attire davantage d'énergie de l'Infini. Cela se répercute ensuite positivement sur l'âme et le corps.

Ces forces spirituelles et énergétiques accrues n'agissent pas seulement dans l'âme. Une partie de ces énergies spirituelles afflue par le biais des quantas dans les atomes matériels, dans les cellules, les organes, les glandes, les hormones et les muscles, dans tout l'organisme de l'être humain. Tout se déroule selon l'ordre céleste. L'être humain reçoit en fonction de sa façon de penser et de vivre.

Les énergies spirituelles sont des forces de guérison et de Vie.

Plus l'âme est réceptive aux forces de guérison et de Vie, plus l'organisme reçoit à partir du principe divin.

Je le répète, si l'âme possède beaucoup de force spirituelle, si elle est inondée de lumière, alors son enveloppe humaine est globalement en bonne santé et sa vie est positive. Cela se répercute sur le nombre et l'activité des quantas. Le corps possède alors plus de forces partiellement spirituelles, plus de quantas, qui sont principalement actifs de manière invisible pour l'être humain.

Celui qui est centré sur l'ici-bas, dont l'âme possède peu d'énergies vitales, devra porter le destin qu'il s'est lui-même créé, soit dans cette vie, soit dans des vies futures, à moins qu'il ne comprenne à temps pourquoi il vit en tant qu'être humain et qu'il oriente sa pensée et sa vie sur Dieu. Chez lui, les forces partiellement spirituelles sont peu nombreuses et agissent principalement dans le domaine matériel, donc visibles.

Puisse ce bref exposé sur les forces partiellement spirituelles, les quantas, servir à tous ceux qui disposent de certaines connaissances sur ce qu'on appelle l'activité quantique.

De manière générale, il suffit que Mes enfants sachent que plus la force de l'Esprit peut affluer dans l'âme et le corps, plus une personne retrouve ou garde la santé et plus elle est optimiste.

Grâce aux forces énergétiques, le corps physique atteint une vibration plus élevée et s'éloigne des fréquences vibratoires dans lesquelles se trouvent les agents pathogènes et les formes-pensées négatives qui cherchent à influencer l'être humain.

Par une vie vertueuse, orientée sur Moi, l'Esprit éternel, l'âme se purifie des charges qui se trouvent encore en elle et qui proviennent éventuellement de vies antérieures et de son existence terrestre actuelle.

Si ainsi, en raison du développement spirituel de l'âme, davantage de force spirituelle afflue en elle et dans le corps, alors les forces partiellement spirituelles se multiplient dans la structure atomique de l'être humain, ce qui entraîne en même temps une plus grande activité de l'ensemble de celle-ci.

Je le répète :

Les quantas sont, entre autres, les vecteurs spirituels d'énergie des atomes matériels et la force vitale pour l'être humain. Ils sont également la clé de la santé.

Plus la force spirituelle afflue en une personne, plus il y a de forces partiellement spirituelles dans ses atomes matériels.

La force spirituelle détermine la vie de l'être humain. Plus la force spirituelle afflue dans l'âme et son enveloppe humaine, plus les atomes spirituels et matériels sont actifs.

Le nombre de quantas détermine également le destin de quelqu'un.

Ô comprends que tout repose sur de l'énergie. Les sources d'énergie élevées influencent positivement tout ce qui est bas. Les forces basses, tous les éléments négatifs, entraînent un blocage, un barrage dans l'être humain et en toute vie matérielle.

Ce blocage, déclenché par un manque de force spirituelle, provoque à son tour de multiples mauvaises réactions.

L'âme dans l'être humain est venue en ce monde pour apprendre et grandir spirituellement. Celui qui grandit et mûrit dans l'Esprit de Dieu est en mesure de penser clairement. Les personnes qui vivent dans l'Esprit ne sont pas dispersées, mais au contraire calmes en toute situation. Leurs pensées ne vagabondent pas de façon incontrôlée. Elles sont ordonnées et reposent en Moi, l'Éternel, cependant, en même temps, elles sont concentrées sur ce qui est nécessaire ou sur l'activité du moment.

Les personnes dotées d'une grande force spirituelle sont disciplinées et concentrées. Ce qu'elles font, elles le font entièrement. Elles regardent chaque situation en face, avec clarté et calme, et écartent ainsi de nombreux dangers qui, autrement, se présenteraient à elles-mêmes et à leurs prochains qui vivent dans leur proximité immédiate. Lorsqu'une personne s'oriente de façon concentrée sur Moi, il est rare qu'un blocage se produise dans son organisme ou qu'elle stagne dans sa vie.

Prends conscience que les éléments semblables se fertilisent mutuellement et se renforcent ainsi : chaque sentiment, chaque pensée, chaque parole et chaque manière d'agir cherche ce qui lui ressemble.

De même, les forces partiellement spirituelles dans les atomes matériels, les quantas, réagissent au monde de sensations et de pensées de l'être humain, ainsi qu'à ses paroles et à ses actes.

Les forces partiellement spirituelles agissent également sur le rythme corporel de l'être humain, ceci en fonction de sa manière de voir la vie et de sa façon de vivre.

Ces vecteurs spirituels de Vie, les forces partiellement spirituelles, se trouvent dans toutes les formes de vie matérielles, y compris dans les astres et dans la nature. Les forces spirituelles agissent en toute forme matérielle qui, comme toute chose, est constituée d'atomes. Sans les forces spirituelles, la matière ne pourrait pas exister. Il n'y aurait pas d'atome matériel sans l'action des forces partiellement spirituelles.

Peu importe qu'il s'agisse d'atomes ou de molécules, l'Esprit est présent en toute chose. Sans l'Esprit, la vie ne pourrait pas exister, car c'est l'Esprit qui est la Vie.

Celui qui a pris conscience que Dieu est la Vie et que sans Lui rien ne peut exister explorera les choses avec une plus grande sagesse et de manière plus profonde, et parviendra finalement à des connaissances insoupçonnées. Avec le temps, il se rendra compte que la force de la pensée peut tout faire, aussi bien en lui-même qu'autour de lui et dans l'infini tout entier.

La technique humaine est une béquille dont l'être humain se sert parce qu'il n'a pas encore exploré ses pensées et les forces de la pensée. Il fait des recherches sur les possibilités et les moyens extérieurs, mais ne développe pas sa vie intérieure qui renferme tout ce qu'il ne peut qu'imaginer.

Il n'aurait pas besoin de ce qui est appelé la technique si un grand nombre de personnes avaient le même état d'esprit, c'est-à-dire si elles ouvraient d'abord en elles le Royaume de Dieu, qui contient tout ce dont l'âme et son enveloppe humaine ont besoin.

C'est pourquoi, il est écrit : Cherchez d'abord le Royaume de Dieu, et tout le reste vous sera donné par surcroît.

La force de la pensée positive permet de réaliser beaucoup de choses – voire tout, selon l'évolution de l'âme et de son enveloppe humaine – qui ne sont possibles que de manière limitée avec la technique.

La soif de technique ne fait que traduire le pressentiment de l'âme qu'elle recèle des forces inexplorées, maintenues à l'état latent par la pensée matérialiste.

Toutes les formes de vie serviraient l'être humain si seulement il reconnaissait l'existence de la force éternelle, de l'Esprit, et vivait selon les Lois éternelles.

Ce qui est créé dans le monde par la technique correspond au pressentiment de l'âme. Les avions, par exemple, et toutes les machines volantes, ne font qu'exprimer ce qui est au plus profond de l'âme, le pressentiment qu'elle pourrait s'élever au-dessus de tous les espaces, continents et mondes – si elle n'était pas enchaînée par des pensées et des actions erronées.

Chercher à produire de l'énergie correspond également au pressentiment de l'âme que l'énergie intérieure, la force spirituelle dans l'âme, peut produire tout ce dont cette dernière et son enveloppe humaine ont besoin – car, comme Je l'ai déjà révélé à plusieurs reprises, tout repose sur de l'énergie.

Toutes les énergies cosmiques qui existent et qui pourraient être activées par une pensée et une vie positives – en accord avec la Loi – se trouvent en tant qu'essence dans l'âme. Comme aussi bien le positif, ce qui est légitime, que le négatif, ce qui est contraire à la Loi, proviennent de l'intérieur, même lorsque l'être humain transpose et dégrade par une mauvaise orientation ce qui est spirituel en des choses de nature matérielle, il interprète en fait le pressentiment de l'âme. Il le concrétise en fonction de ses charges spirituelles et de ses possibilités. Aussi bien les énergies divines que les charges de l'âme pénètrent dans l'organisme humain par l'intermédiaire des quantas, en partant de l'âme. C'est également de cette manière que le cerveau de l'être humain est stimulé.

Si les cellules cérébrales d'une personne ne contiennent que des données du monde, par exemple lorsqu'elle fait des recherches pour trouver des sources d'énergie extérieures et qu'elle invente des moyens techniques sophistiqués pour produire de l'énergie, elle tombe alors de plus en plus sous l'influence des forces qui veulent produire des choses identiques ou similaires dans ce monde.

Ce qui se trouve en l'être humain, le positif comme le négatif, se manifeste donc dans le monde matériel, à moins qu'il ne reconnaisse et ne règle à temps ce qui est négatif. Dans ce cas, l'énergie négative se transforme dans l'âme en énergie positive et le positif se manifestera alors davantage dans le monde.

L'être humain agit sur son environnement en fonction de la manière dont il pense et vit. Il est piloté par les forces négatives et à la merci de leur volonté jusqu'à ce que, pour le bien de tous, il renonce au négatif, à ce qui est lié au monde, à la recherche de reconnaissance personnelle, et qu'il apporte le bien dans le monde de manière désintéressée.

L'âme se trouve dans un corps humain pour remettre le négatif à l'Esprit éternel afin que ce dernier le transforme, de sorte que l'âme et son enveloppe humaine accèdent à la spiritualité supérieure et contribuent ainsi à une vie spirituelle positive dans le monde.

La vie spirituelle se répercute également sur les forces partiellement spirituelles qui ne sont alors pas seulement davantage actives mais qui agissent également chez l'être humain en plus grand nombre, en particulier dans le domaine invisible aux yeux de ce dernier.

Les forces partiellement spirituelles, mi-Esprit, mi-matière, les quantas donc, sont aussi les forces fructifiantes. Elles contribuent entre autres à la croissance de l'être humain et surtout à la croissance dans les règnes de la nature. Elles favorisent la vie et le processus de maturation de toute la nature.

Si ces énergies vitales sont en harmonie avec le champ magnétique terrestre et avec les courants magnétiques, il en résulte une croissance calme et saine. Les formes de vie des règnes de la nature ne tombent alors pas malades, les fruits des champs et des bois sont sains, les plantes fleurissent abondamment. Les forces élémentaires matérielles que sont le feu, l'eau, la terre et l'air peuvent ainsi également coopérer harmonieusement et créer un équilibre sain dans la nature.

Si l'harmonie de ces forces est perturbée, les règnes de la nature tombent malades, ainsi que l'être humain, car celui-ci est un corps issu de la nature.

L'harmonie et la dysharmonie émanent de l'être humain.

Le comportement de l'être humain envers les règnes de la nature, envers la Terre entière et, en fin de compte, envers l'infini, se répercute également sur chacun individuellement. Si l'être humain maltraite la Terre et les règnes de la nature, il interfère dans le bon déroulement des choses, dans la Loi de Dieu. Comme dans l'ensemble de l'infini, tout est parfaitement coordonné, harmonisé – ce qui est grand agit sur ce qui est petit et ce qui est petit sur ce qui est grand –, tout est relié magnétiquement. Cela se traduit par un échange et un flux d'énergie constants.

Si cette interaction énergétique est perturbée, cela se répercute là où la perturbation a son origine. Si, à partir de la Terre, tout le système solaire est perturbé parce que la Terre n'est plus en harmonie avec les astres, cela se répercute à son tour sur et dans la Terre : la reproduction des animaux est perturbée, des plantes disparaissent, d'autres espèces apparaissent, les pierres et les minéraux acquièrent un rayonnement correspondant, et les personnes qui sont axées sur la matière en souffrent également. Tout est en communication.

Pendant la période de la pleine lune, par exemple, les forces partiellement spirituelles – qui, suivant leur intensité, sont tantôt spirituelles, tantôt matérielles – agissent de manière accrue sur les semences et sur toutes les espèces végétales qui fleurissent, poussent ou mûrissent. Si l'interaction entre la Terre et les astres est perturbée, il en résulte également des perturbations à ce niveau, dans la Terre et à sa surface, mais aussi chez l'être humain.

Durant la période de la pleine lune, les énergies de la lune agissent d'une manière renforcée sur les organes sexuels de l'homme et de la femme ainsi que des animaux qui ont une âme partielle.

Si les forces de l'homme, de la femme et des animaux qui ont des âmes partielles ne sont pas en harmonie et dans une interaction harmonieuse avec le rayonnement de la lune, il peut en résulter des malformations à la naissance ou des pensées de désir inhabituelles, par exemple une activité homosexuelle.

À chaque instant, chacun est incité à changer de cap. Cela signifie que, par le biais de sa conscience ou des impulsions de son ange gardien, chacun est exhorté à donner une orientation spirituelle à sa vie, à penser positivement et à devenir désintéressé. De cette manière, les énergies dans l'être humain peuvent être harmonisées et communiquent alors à nouveau avec les énergies harmonieuses cosmiques et éternelles. La communication avec ces forces harmonieuses cosmiques engendre alors la paix, l'harmonie et l'amour chez l'être humain et sur la Terre.

Celui qui reconnaît la force divine en tout ce qui vit, qui est capable de ressentir au plus profond de la Vie et qui reconnaît dans la Vie une partie de lui-même, mènera une vie positive et se comportera envers son prochain de manière désintéressée. Et il reconnaîtra sa vie dans toutes les formes de vie. Celui qui se reconnaît dans la nature, puisque l'être humain est en effet un corps issu de la nature, deviendra aussi peu à peu bon, aimant et bienveillant envers son prochain.

Celui qui observe attentivement la nature reconnaît qu'elle est une partie de lui-même.

La nature est un miroir pour l'être humain qui peut ainsi prendre conscience de sa vie, aussi bien de sa vie positive, correspondant à la volonté de Dieu, que de sa vie négative, égocentrique. La nature lui montre comment il devrait être ou comment il est.

Une personne spirituellement éveillée sait que la vie forme une unité. Les êtres humains, les animaux, les plantes et les pierres, et même les astres, forment une unité. Celui qui fait de la nature, des plantes et des herbes ses amis, est également guidé, fortifié et sans cesse revivifié par les forces spirituelles de la nature.

Les personnes proches de la nature, c'est-à-dire qui reconnaissent en tout l'action de l'énergie éternelle, Dieu, penseront, vivront et agiront en conséquence.

De nombreuses plantes sont des plantes médicinales.

Dans la mesure du possible, il ne faudrait pas utiliser uniquement des plantes médicinales séchées, éventuellement déjà cueillies au cours de l'année précédente, mais plutôt celles qu'offre la saison du moment, donc des plantes fraîches. L'activité des quantas est nettement plus intense dans les plantes et les herbes fraîches que dans les plantes séchées. De ce fait, ces plantes ou herbes médicinales fraîches ont une vibration beaucoup plus élevée que celles qui sont séchées.

Tant qu'il y a encore de la sève dans une plante, ses vertus sont plus efficaces que celles d'une plante séchée. Cela signifie donc que les plantes qui ont encore de la sève ou qui sont en sève ont une vibration beaucoup plus élevée que les plantes séchées. La force vitale d'une plante fraîche a un effet direct sur les propriétés correspondantes de la plante et également sur l'organe qui lui est associé. Une plante en sève ou des plantes ou herbes médicinales fraîchement cueillies reçoivent directement le rayonnement des énergies cosmiques. Les plantes et les herbes séchées ne le reçoivent que de manière indirecte, à savoir par le biais de la constellation planétaire qui existe au moment de leur utilisation.

Les plantes et les herbes peuvent aussi absorber les pensées des personnes qui les ont cueillies et séchées, ou qui les ont achetées une fois séchées.

Tout est rayonnement. C'est pourquoi tout est déterminant : le moment, le lieu et l'état d'esprit avec lequel la plante a été cueillie.

Qu'une espèce végétale pousse au bord d'un ruisseau ou dans un pré en fleur fait également une différence. Qu'une plante se trouve au bord d'un chemin ou qu'elle soit dans un jardin ou un champ, ce n'est pas pareil non plus.

Comme tout est basé sur les rayonnements et que ceux-ci sont divers, une espèce végétale peut également avoir des propriétés différentes en fonction de son emplacement et des personnes qui l'ont cueillie.

Pendant les mois d'hiver où il fait froid, les plantes et les herbes utilisées à des fins thérapeutiques sont la plupart du temps séchées. Il ne faudrait toutefois utiliser que les herbes qui ont poussé et fleuri à la fin de l'été ou en automne, car l'activité des quantas a encore une certaine intensité dans ces plantes.

Dès que la force spirituelle afflue dans la matière via les quantas, elle devient une propriété de la substance matérielle et de la forme de vie en question, en fonction de l'activité des quantas.

Cette forme de vie est la manifestation extérieure, visible dans le monde, de la force spirituelle. La substance est le matériau, la Vie pour la matière, pour les êtres humains, les animaux et les plantes.

Je poursuis Ma révélation : Les formes des plantes, en particulier des plantes médicinales, ressemblent aux organes de l'être humain. La forme d'une plante indique au sage l'organe pour lequel elle a été créée par l'Esprit créateur.

La force spirituelle détermine, par le biais des forces partiellement spirituelles et de la forme, les propriétés des plantes médicinales, tant pour l'être humain que pour l'animal.

Les propriétés et la forme des espèces végétales sont également déterminées par les champs magnétiques. Les champs magnétiques, qui jouent un rôle dans la croissance des plantes, portent en eux, du point de vue vibratoire, les propriétés des espèces végétales. Cela indique une fois encore que tout est contenu en tout.

Les champs magnétiques ont chacun des vibrations différentes. Cela s'exprime à son tour dans la vibration des espèces végétales, ainsi que dans la vibration des êtres humains et des animaux.

Dans tout cela, l'endroit où se trouve une plante et le lieu où vit une personne ont également leur importance. C'est pourquoi les propriétés d'une même plante peuvent varier. Une plante qui pousse au bord de l'eau possède d'autres substances que la même plante qui pousse au bord d'un chemin. Les substances de celle qui pousse au bord de l'eau contiennent davantage d'oligo-éléments comme le fer, le phosphore et le potassium. Celle qui pousse au bord d'un chemin contient d'autres oligo-éléments, comme le cuivre, le nickel, l'argent ou même le mercure. L'endroit où se trouve la plante joue donc un rôle déterminant.

Malgré cette disparité au niveau des oligo-éléments présents dans une seule et même espèce végétale, l'Esprit donne à chaque plante Ses énergies de manière égale, en fonction du développement spirituel de l'espèce végétale.

Je le répète : Les quantas ainsi que les autres forces partiellement spirituelles encore inexplorées par l'être humain constituent le mécanisme de transmission de la force spirituelle dans la matière. C'est par l'intermédiaire de ces forces partiellement spirituelles, les quantas, que la force spirituelle s'écoule jusqu'aux substances énergétiques matérielles.

La force spirituelle produit ensuite chez l'être humain, en fonction de l'évolution spirituelle de ce dernier, l'activité correspondante des atomes matériels.

La force spirituelle agit également chez les animaux, les plantes et les pierres en fonction de leur développement spirituel.

De par son libre arbitre donné par Dieu, l'être humain peut intervenir dans le déroulement de l'interaction harmonieuse des forces – qui est en accord avec la Loi – et perturber ses fonctions. Mais il ne peut pas perturber l'Esprit qui est la Vie. L'Esprit n'est pas affecté par les pensées, les sentiments et le vouloir humains.

De fortes fluctuations de l'humeur chez l'être humain, par exemple, sont dues à l'instabilité de sa conscience spirituelle. Ces fluctuations de l'humeur se répercutent également sur l'activité des forces partiellement spirituelles, les quantas. Si ces derniers penchent plutôt du côté matériel, donc s'ils sont davantage actifs dans le domaine visible, ils forment alors temporairement un barrage et réduisent le flux de la force spirituelle.

Cela peut notamment provoquer des fluctuations d'humeur, précédées cependant de pensées, de paroles ou d'actions négatives qui ont conduit au blocage partiel de la force spirituelle.

Plus les forces partiellement spirituelles sont actives dans les atomes matériels, plus l'être humain est en bonne santé ou plus vite il guérira.

C'est pourquoi efforce-toi de parvenir à des sphères plus élevées, aux forces harmonieuses, par une vie positive en accord avec la Loi. Les agents pathogènes, qui ne se sentent pas à l'aise dans un rayonnement élevé, quitteront alors très rapidement ton corps.

Rapporté aux quantas, cela signifie que par une manière positive de ressentir, de penser et d'agir, le nombre de quantas se multiplie, ce qui rend également le rayonnement de l'être humain plus lumineux et plus grand. Il en résulte santé, bonheur et satisfaction. Deviens donc désintéressé !

L'être humain ne peut rien par lui-même. Le corps terrestre est incapable de vivre sans que Moi, la Vie, Je ne l'imprègne, ne le soutienne et ne l'anime. Reconnais donc que tu n'es rien sans Moi.

C'est pourquoi, renonce à ton orgueil. L'orgueil constitue une barrière pour l'humilité. L'orgueil divise, l'humilité unit.

Une personne humble qui a connaissance de la Loi de la Vie, qui sait que Je suis la Vie, commencera la journée avec Moi, la force éternelle, l'Esprit, et la conclura aussi avec Moi, la Vie.

Les personnes humbles sont des enfants de la lumière qui n'apportent pas seulement la lumière dans les pièces obscures, mais aussi dans les cœurs endurcis. Elles illuminent souvent le cœur d'une personne du monde, fatiguée, chargée de soucis, qui, par exemple, se rend à son travail avec une humeur maussade.

Commence donc la journée avec Moi !

Vis chaque jour davantage selon les Lois éternelles. Médite sur la Vie qui se trouve derrière la matière et sois conscient que Je suis la Vie.

Ouvre-toi aux forces de l'Amour en aimant tes semblables et toutes les formes de vie de manière désintéressée. Alors, la force de la Vie affluera vers toi et tu obtiendras ce que Je t'ai révélé : la paix, l'harmonie et l'amour. Il en résulte la santé, le bonheur et la satisfaction.

Tôt le matin déjà, répands au plus profond de toi des pensées et des paroles positives et de haute vibration. Ce sont des forces lumineuses et rayonnantes qui t'harmonisent et te donnent une orientation positive pour la journée. Affirme Ma force en toi avec des paroles dont le sens est semblable à celui-ci :

Je suis conscience cosmique, un enfant de l'Infini, doté de la Vie éternelle.

Exprime d'autres paroles au plus profond de toi, comme, par exemple :

La Vie est santé.
La Vie ne connaît ni maladie ni soucis.
Je suis en bonne santé et plein de Vie.

J'affirme la force du Très-Haut en Christ.
Ma journée se déroule de
manière concentrée et orientée
sur la force de Vie qui coule en moi
et se manifeste éternellement.
Mes pensées restent ordonnées.
Je me concentre maintenant sur la tâche
qui m'attend.

Les forces de l'Infini se répandent en moi
parce que je suis un enfant de l'Infini.
La plénitude divine, la Loi éternelle qui régit
et préserve tout, agit en moi.
La Lumière m'inonde. Elle me libère.

Je suis libre. Je suis concentré et
orienté sur l'essentiel.
Les forces de l'Infini affluent en moi.
La force toute-puissante agit à travers moi.

Les pensées de prière qui suivent peuvent également être priées plusieurs fois au plus profond de soi. Elles tonifient l'âme et son enveloppe humaine, affermissent la conscience et orientent sur les tâches à accomplir dans la journée :

Père céleste, Ton Esprit habite en moi.
Je suis Ton fils, Ta fille,
éternellement vivant,
éternellement existant,
car Toi, Tu es la Vie en moi.
Je suis un enfant de l'Infini,
un être cosmique, lumineux,
parce que Toi, l'Esprit de l'Infini,
Tu habites en moi.
Avec confiance et foi, je dépose dans
Tes mains bienveillantes tout ce qui
m'oppresse et qui cherche à impacter
ma vie concentrée, orientée.

Par l'intermédiaire du Christ,
mon Rédempteur, je veux pardonner

de tout cœur à toutes les personnes et
toutes les âmes auxquelles je n'ai pas
pardonné dans des vies antérieures.
De même, je demande pardon à toutes
les personnes et à tous les êtres envers
lesquels, dans cette vie et dans des
vies antérieures, j'ai eu des pensées ou
des paroles injustes, ou à l'égard
desquels j'ai mal agi.

Je demande également pardon
pour mes pensées, mes paroles
et mes actions négatives
qui reviennent régulièrement.
Je veux accomplir la volonté de Dieu.

J'affirme l'Absolu.
J'accomplis la volonté du Seigneur.
L'Amour qui s'écoule éternellement
m'assiste.
Je mets en pratique l'Amour,
la Loi de la Vie.
Elle se manifeste à travers moi.

420

Je m'en remets à l'Esprit omniprésent
qui est la Vie, qui dirige les destinées
de l'infini et celles de tous Ses enfants.
Le Seigneur efface ce qui n'est pas en accord
avec la Loi éternelle de la Vie.
Toutefois, ce que j'ai encore à porter,
je le porte en faisant preuve de patience.

Que la volonté du Seigneur soit faite.

Prends conscience du sens de Mes Paroles et
applique-les chaque jour : Va et efforce-toi désormais de ne plus pécher, ni en pensées, ni en
paroles, ni en actes.

Alors tout ce qui est bon pour toi et pour ton
prochain te réussira, dans ta famille, au travail et
dans le monde en général.

Parle peu et pense encore moins !
Ne parle que lorsque c'est essentiel !
Aie des sentiments nobles et bons.
Ennoblis-toi !

Accomplis tes tâches quotidiennes avec harmonie, orienté sur l'harmonie universelle, Dieu. Tu seras alors protégé par la force toute-puissante. Cela vaut pour tous les êtres humains.

Pour les médecins :
Une personne reflète elle-même
les causes de sa maladie

Ces conseils concernent surtout ceux qui ont des responsabilités envers leurs prochains. Je m'adresse ici en particulier aux médecins qui travaillent souvent sur le corps humain et l'utilisent comme cobaye.

Celui qui n'apprend pas à voir clair en lui-même ne peut pas non plus voir clair en son prochain. En revanche, celui qui a appris à se connaître par des prises de conscience sur lui-même, qui a traversé de nombreuses souffrances et qui vit maintenant selon la volonté de Dieu verra également clair dans son prochain.

422

Celui qui voit clair en lui-même atteindra aussi les couches profondes du moi humain et verra ses prochains tels qu'ils sont, et non tels qu'il se montrent.

C'est particulièrement important pour les médecins qui doivent assister leurs patients sur le plan psychique et physique. Pour rechercher la cause d'une maladie, un médecin devrait d'abord observer son patient. En effet, chaque mouvement du corps du patient, l'ensemble de son apparence et la direction vers laquelle il dirige son regard en disent long.

Si, par exemple, les yeux du patient sont agités ou que ce dernier ne peut pas regarder le médecin dans les yeux ou si son regard est dirigé vers le sol ou encore vers le mur, les causes peuvent être les suivantes :

Celui qui a le regard tourné vers le sol cache des difficultés ou ne veut pas révéler la souffrance qu'il porte.

La timidité peut également en être la cause. Mais derrière la timidité se cache aussi un complexe de nature humaine qui influence le patient, affecte son subconscient et éventuellement ses organes.

Celui qui dirige son regard vers le mur est borné. Il ne peut ou ne veut pas accepter les choses, pas non plus le médecin, ses indications et ses prescriptions.

Celui qui regarde par la fenêtre veut fuir ce qui est et agit en lui. Il ne veut pas s'accepter lui-même et pas non plus accepter le médecin et écouter ce que ce dernier lui dit.

Celui qui veut sérieusement sonder un patient et son âme pour trouver les causes d'une maladie devrait aussi tenir compte de la manière dont celui-ci parle :

Un parler rapide dénote une insécurité. Le patient souhaite cacher quelque chose qui pourrait éventuellement donner des indications importantes sur l'indisposition, voire la maladie, dont il souffre.

Un parler excessivement lent traduit de la léthargie. Une telle personne a des facultés de compréhension limitées. La cause physique peut être une lenteur des organes, un relâchement des vaisseaux et des intestins.

La forme du corps indique également ce qui se trouve dans le subconscient ou dans l'âme.

Les personnes maigres sont souvent querelleuses, dominatrices et jalouses. Pour ce type de personnes, il faudrait prêter attention à tout ce qui a trait à la dépendance en général.

Les personnes corpulentes ont tendance à être paresseuses, elles recherchent les causes de leurs difficultés chez leurs semblables, rarement en elles-mêmes. Elles semblent souvent débonnaires, mais dans beaucoup de cas, c'est une illusion qui vient de leur indolence.

Parler de bonhomie chez les personnes corpulentes est donc un leurre. Dans de nombreux cas, les apparences sont trompeuses. À l'intérieur, elles sont généralement un volcan. Elles sont souvent trop indolentes pour laisser sortir ce qu'elles pensent. Mais lorsqu'elles éclatent littéralement, ce type de personnes devient rouge de colère et d'énervement, ce qui révèle une activité très intense du subconscient.

La rougeur ou même le bleu renforcé des veines indique non seulement au médecin que le subconscient du patient bouillonne, mais aussi qu'il lui faudrait procéder à un examen des nerfs et de la composition du sang, de la circulation et des vaisseaux sanguins.

La couleur et la forme des vêtements du patient indiquent également au médecin par où commencer pour parvenir à trouver les causes recherchées.

Pour celui qui se connaît, chacun de ses prochains est tel un miroir. Chaque personne est un miroir qui révèle ce que celle-ci pense, comment elle vit et les causes de sa maladie ou de son indisposition.

Les gens qui refoulent beaucoup, mais qui ont de nombreuses pensées au sujet de leurs prochains et les jugent, sont des personnes très rancunières. Leurs pensées sont très souvent plongées dans le passé. Elles ruminent des choses qui ont eu lieu il y a longtemps et qui ne peuvent plus être changées. Malgré tout, ces évènements révolus depuis longtemps les préoccupent. Elles n'arrivent pas à surmonter le passé parce qu'elles n'ont pas encore pardonné à ceux qui étaient alors impliqués.

C'est ainsi que l'être humain crée des formes-pensées qui l'influencent et endommagent ses organes les plus faibles. La cause réside dans le fait de ne pas vouloir pardonner.

De cette manière, le subconscient de la personne concernée est très fortement impacté. Au cours de la journée, les réactions du subconscient ne se font guère sentir. Mais pendant la nuit, le subconscient devient actif et exerce une influence sur les organes. Durant la journée, cette personne arrive à se contrôler. Elle parvient à contenir ses irritations ou ses accès de colère. Mais la nuit, lorsque la volonté de l'être humain est en grande partie désactivée, le subconscient agit beaucoup plus fortement sur l'âme et son enveloppe humaine.

Les rêves emplis de peur, qui se manifestent à travers différentes images, proviennent du subconscient. Mais des évènements de vies antérieures enregistrés dans les enveloppes de l'âme peuvent également s'y mêler, car l'âme aussi est plus active la nuit que le jour.

Ainsi, l'activité cérébrale ne se relâche ni le jour ni la nuit : l'être humain est stressé jour et nuit. Son système nerveux est à vif. Les organes ne peuvent pas se reposer et s'usent en conséquence.

Le corps humain est un don de Dieu pour l'âme qui s'incarne. C'est pourquoi il ne devrait pas être considéré comme un objet sur lequel on peut tester son savoir-faire en faisant des expériences.

L'être humain est un être issu de Dieu. C'est en tant que tel qu'il devrait être considéré et traité, c'est-à-dire selon les Lois de Dieu et non selon les lois, les doctrines et les conceptions de ce monde.

Si la majorité des gens n'écoutaient pas les médecins prisonniers des conceptions de ce monde et les faiseurs d'opinions intellectuels qui ne laissent que peu de liberté à leurs semblables et qui au contraire leur imposent les connaissances et les sagesses approximatives qu'ils ont apprises – et asservissent ainsi nombre de leurs prochains, c'est-à-dire les rendent dépendants d'eux, de médicaments et de drogues –, alors il serait possible d'apporter de la lumière dans l'obscurité, dans les causes des maladies et de la détresse.

Il arrive souvent que des médicaments soient prescrits à un patient – ou qu'une opération lui soit conseillée –, alors qu'ils lui causent plus de mal que de bien. Si en raison de mauvaises décisions du médecin, le patient doit souffrir, souvent durant toute sa vie terrestre, le médecin en question se sent rarement fautif vis-à-vis du patient.

D'un point de vue humain, il existe tant d'excuses dans ce monde pour ceux qui agissent sans scrupules. Le nombre de personnes dépourvues de scrupules est considérable. Elles se soutiennent et se protègent sans cesse mutuellement et contournent fréquemment la loi terrestre qui, bien souvent, ne surveille et ne condamne que les petites gens, lorsque ceux-ci enfreignent la loi terrestre.

Dans ce monde, ce genre de choses est possible, mais pas devant la Loi éternelle. Au plus tard après la mort du corps, celui qui est dépourvu de scrupules devra reconnaître et endurer ce qu'il a causé à son prochain. Que chacun s'examine donc d'abord lui-même avant de « toucher » à son prochain.

« Sortir de l'équilibre » et les conséquences qui en découlent

Le corps humain peut être comparé à une balance à deux plateaux. Le centre du corps – que nous considérons comme une balance – est constitué par le système digestif et le plexus solaire. Ils assurent l'équilibre de la balance, c'est-à-dire de l'être humain.

Si le système digestif est chargé d'une nourriture lourde et abondante, cela se répercute sur la moitié inférieure du corps. Le système digestif attire plus de sang que ce qui serait bon. La partie inférieure du corps devient lourde, la partie supérieure indolente, les cellules cérébrales fatiguent.

Ce déséquilibre se répercute alors au niveau du plexus solaire. Le système nerveux central se crispe. La personne concernée est irritée et cette crispation déclenche soit de la fatigue, soit de l'agressivité, en fonction de son tempérament.

Des épices et des boissons fortes ont également pour effet de déséquilibrer la balance, l'être humain.

Toute perturbation de la balance est perçue par le subconscient, car toute perturbation est constituée d'une activité mentale. Les impressions, désirs et conceptions qui sont stockés dans le subconscient deviennent ainsi plus actifs et agissent de manière renforcée sur cette personne.

Fatiguée ou agressive, elle se souvient alors de faits et d'évènements qui remontent éventuellement à loin et dont elle ne se souvenait presque plus. La dysharmonie de la balance qu'est l'être humain a ravivé ce qui était en train de disparaître ou de s'assécher dans son subconscient.

Si cette personne se met à ruminer ces souvenirs pendant un certain temps, qu'elle s'énerve une nouvelle fois, elle ressent à nouveau de la frustration, comme autrefois. Elle ravive ce qui s'est passé il y a déjà bien longtemps. Le subconscient actif exerce alors une influence sur le corps et les organes, et perturbe éventuellement aussi des organes qui fonctionnent bien.

De cette manière, la composition du sang peut également être modifiée, car les nerfs crispés libèrent dans le corps et les vaisseaux sanguins ce qu'on appelle les toxines du système nerveux. Le corps tombe malade. Cette personne l'a intoxiqué parce qu'elle a agité et continue d'agiter des pensées toxiques. Dans ce cas, les causes déclenchantes ont été une alimentation lourde, riche ou épicée ou bien des boissons fortes.

Le rythme corporel s'est modifié. L'organisme est tombé dans une vibration inférieure. Le subconscient est alors devenu actif. Cette personne s'est mise à repenser au passé et à le ressasser.

Les pensées sont des forces ; elles agissent sur le corps.

Les effets sont toujours des indispositions, des maladies ou des coups du destin.

Afin que les sept forces fondamentales puissent agir en elle, une personne doit tout d'abord changer, mener une vie positive. Elle doit se tourner vers ces forces afin qu'elles accomplissent en elle ce qu'elle souhaite : santé, bonheur, paix et harmonie.

C'est pourquoi, que chacun commence d'abord par lui-même.

Tout ce qui est pur s'offre et afflue généreusement. Ce qui est impur lie et ne crée que pour soi-même. Il en résulte égoïsme, limitation, discordes et conflits.

C'est pourquoi, sois vigilant et mets à profit chaque instant ! Celui qui veut instruire et guider ses prochains en porte la responsabilité. Les personnes qui assistent leurs prochains par des conseils et des actes portent donc devant Dieu et leurs semblables la responsabilité de ce qu'elles disent et font. Celui qui veut aider son prochain par des conseils et des actes devrait être sorti de l'influence des sphères de purification de l'ordre et de la volonté.

Moi, l'Esprit qui Se révèle, le Christ, Je voudrais exhorter les médecins et les chirurgiens de ce monde et leur donner les conseils suivants :

Efforcez-vous avant tout de sonder les pensées des patients.

Avant de leur prescrire des médicaments ou d'effectuer une intervention chirurgicale, observez leur rythme corporel.

Un médecin attentif peut reconnaître à l'apparence et à l'attitude du patient s'il souffre de problèmes, de difficultés, de complexes, de dépressions ou de dysharmonies. Si c'est le cas, le médecin devrait rechercher avec le patient ce qui se trouve éventuellement dans le subconscient ou l'âme de ce dernier – dans la mesure où celui-ci peut en prendre conscience par un échange. Ce n'est qu'ensuite que le médecin devrait prescrire des médicaments.

Le meilleur médicament qu'un médecin peut donner à son patient, ce sont des pensées et des paroles positives et encourageantes. Transmises par un médecin, elles peuvent dissoudre bien des complexes, des dépressions ou des complexes d'infériorité. De même, des soucis, des difficultés, des dysharmonies et autres se résolvent lorsque le médecin s'adresse au patient de la bonne manière.

Je fais appel aux médecins et aux naturopathes : Donnez-Moi, Moi qui suis l'Esprit, la possibilité d'agir davantage dans vos patients, Mes enfants humains !

J'invite une nouvelle fois tous les médecins et les naturopathes à prendre à cœur ce qui suit : Instruisez vos patients sur la force de la pensée positive et sur les forces de guérison qui se trouvent dans l'âme et le corps ! En parallèle, vous pouvez prescrire des remèdes naturels, mais de faible potentialisation, qui ont surtout la propriété de détendre et de soutenir le système nerveux.

Ne faites donc pas aussitôt appel à des médicaments lourds et ne prenez pas tout de suite le scalpel ! Commencez par sonder le subconscient du patient et ses correspondances, les pensées qui le préoccupent et le font souffrir, et décelez les causes présentes dans son subconscient et dans son âme.

La condition préalable est toutefois que les médecins et les naturopathes se soient tout d'abord eux-mêmes analysés et se connaissent eux-mêmes – grâce à la mise en pratique des Lois divines.

Chaque être humain est constitué de l'Esprit, d'une âme et de son enveloppe humaine. Celui qui se contente de traiter le corps maintient les causes et les effets dans l'âme. Ce qui demeure dans l'âme revient un jour dans le corps. Quand cela se produit-il ? La constellation des planètes et l'être humain lui-même déterminent ce moment. Si une partie de la dette de l'âme d'une personne se trouve dans son subconscient et n'y est pas encore active, c'est alors elle qui détermine le moment où une maladie physique fait irruption ou non. Son monde de sensations et de pensées est décisif, mais également son comportement au quotidien, la quantité d'énergie physique qu'elle dépense inutilement par une manière de parler incontrôlée ou un comportement fébrile.

La nature s'offre de multiples façons à travers les herbes et les plantes médicinales. Celles-ci sont données à l'être humain par Dieu pour maintenir son corps en bonne santé.

Les plantes médicinales – administrées sous forme de tisanes ou de préparations – ne constituent en fin de compte que des béquilles, un soutien en cas de maladie. Elles agissent certes en partie sur le domaine spirituel, mais ne peuvent pas supprimer une dette de l'âme.

Par contre, une forte potentialisation peut influencer une dette de l'âme et l'amener à s'écouler éventuellement plus tôt que prévu par la Loi. Cela signifie que l'âme et le corps souffrent plus qu'ils ne sont aidés. Cette manière d'agir n'est pas légitime.

Tant qu'une personne a besoin de plantes médicinales pour guérir, il est nécessaire qu'elle les prenne ; mais elle ne devrait pas s'appuyer uniquement sur elles, car la cause de la maladie réside dans une manière de penser et de vivre erronée.

Celui qui absorbe consciemment les essences spirituelles des plantes médicinales – à travers ses sensations et ses pensées – et qui vit de façon positive, fait que son âme aussi est emplie de vie et de force.

Cependant, une charge de l'âme ne peut pas être éliminée par des plantes médicinales. Pour cela, une personne doit activement y mettre du sien en menant une vie en accord avec la volonté de Dieu.

Évite aussi les pensées de crainte.

Prends conscience que ce qui ne se trouve pas dans ton âme ne peut pas non plus t'atteindre – à moins que tu agisses de manière négligente.

Si ton âme est largement purifiée, donc s'il n'y a pas d'ombres sombres en toi – des correspondances qui constituent des aimants attirant des choses négatives –, alors rien de négatif ne peut t'arriver.

La situation est différente si tu es relié à plusieurs personnes par une mission spirituelle, celle-ci a alors la priorité, et cela signifie en particulier pour toi : Aidez-vous les uns les autres à porter vos fardeaux.

S'il n'y a que lumière et clarté en toi, alors tu n'attireras également que lumière, clarté et bonté. Ce qui est pur comme ce qui est impur en toi constitue un aimant. Ce qui est pur n'attire que ce qui est pur, ce qui est impur ce qui est impur.

Je donne une phrase-clé à retenir pour tous ceux qui cherchent Dieu :

Ce ne sont pas les connaissances de ce monde qui rendent sage.

Seuls une vraie prise de conscience des Lois spirituelles et leur accomplissement éclairent l'être humain et lui permettent de devenir un enfant de Dieu conscient et en bonne santé, un vrai sage.

Une autre phrase-clé à retenir pour les médecins et les naturopathes :

Celui qui veut vraiment aider son prochain doit d'abord s'aider lui-même en développant les forces spirituelles qui agissent en lui et en les mettant au service de son prochain.

Celui qui a compris et mis en pratique cela ne se contentera pas de prescrire des médicaments au patient ou de calmer l'organisme par des médicaments. Il expliquera à celui qui cherche à guérir que des pensées, des mots, des couleurs, des formes, des sons, une gymnastique douce et la méditation apportent le calme et l'harmonie souhaités. Et en parallèle, avec des remèdes naturels, il détendra son système nerveux et soutiendra son corps. Cette thérapie globale agit sur l'âme et le corps.

Ceux qui se trouvent à l'école de l'Esprit, qui vivent dans la mise en pratique des Lois, pourraient être un grand soutien pour les médecins et les chirurgiens.

Les personnes qui vivent dans l'Esprit voient plus en profondeur et sont souvent à même de déceler les réelles faiblesses du patient. Elles savent aussi par quoi le médecin doit commencer, suite au diagnostic, pour que celui qui cherche à guérir puisse obtenir une amélioration ou la guérison de ses souffrances. Il est cependant indispensable que le patient contribue lui-même à trouver et à localiser les causes de son indisposition ou de sa maladie. Le médecin seul ne peut pas établir de diagnostic, il faut que le médecin et le patient le fassent ensemble.

Si le système nerveux d'un patient s'est apaisé et stabilisé, alors les symptômes, les indices et les signaux donnés par le corps peuvent également être analysés de manière plus précise. Tout corps actif révèle des signes indiquant où sont ses insuffisances et de quoi il manque.

Celui qui a appris à comprendre le langage de son propre corps – le langage des organes et des cellules – peut également interpréter le langage du corps de son prochain. Par des indices et des signaux, l'organisme – qui est vivant – donne lui-même des réponses sur la cause de sa maladie et sur la manière dont il est éventuellement possible d'y remédier ou sur ce qu'il convient de faire pour obtenir amélioration et guérison.

Le rythme corporel donne également des indications sur les dysfonctionnements du corps. Il est, entre autres, le baromètre de l'âme et du corps. Tant le médecin que le naturopathe peuvent s'y référer pour établir un diagnostic correct.

Le rythme corporel d'une personne montre si la force vitale circule peu ou beaucoup à travers elle. Le rythme corporel est déterminé par le son émis par le système nerveux et les organes.

Les nombreuses variétés de plantes, d'herbes, de fleurs, d'arbres et d'arbustes, possèdent également leur rythme spécifique, un son cosmique qui correspond à leur évolution spirituelle.

Si le rythme corporel de celui qui cherche la guérison n'est pas en grande partie en accord avec le rythme de la nature ou d'une plante médicinale déterminée, alors la nature ainsi que la plante médicinale ne peuvent pas agir de la même manière dans l'organe malade que si les rythmes de l'organisme humain et de la plante médicinale étaient en accord.

L'organisme tout entier est mélodie.

Chaque organe a un son particulier. Tous les organes réunis, y compris les glandes et les hormones, constituent la mélodie du corps. Le rythme corporel correspond au son du corps.

Les sons des organes ne sont pas perceptibles par les oreilles et les instruments humains. Par contre, le rythme corporel, lui, est visible et, en fin de compte, également audible. Quelqu'un d'agité fait beaucoup de tapage autour de sa personne. Quelqu'un de calme est intériorisé et fait peu de bruit autour de ce qui le concerne.

Les gens calmes, dont la conscience a été éduquée par la mise en pratique des Lois éternelles, sont éveillés, concentrés et à même de saisir les choses. Orientés sur Dieu, ils comprennent souvent en un instant plus de choses qu'une personne bruyante en plusieurs heures, voire en plusieurs jours ou années.

Les personnes qui vivent dans l'Esprit sont également en mesure de capter et d'absorber les substances matérielles et spirituelles des plantes, parce qu'elles sont équilibrées et tournées vers l'intérieur. C'est pourquoi elles ont également un rythme corporel harmonieux qui ressemble au rythme de la nature.

Celui qui souhaite mettre à profit les forces cosmiques qui agissent dans la nature, dans toutes les formes d'existence, doit d'abord chercher à changer sa vie et à s'orienter sur les forces cosmiques, sur les Lois de l'Infini et de la nature. Là aussi, ce principe s'applique : Les semblables s'attirent. Les forces élevées se renforcent et se fécondent mutuellement. Les énergies dégradées, humaines, générées par le désir d'être, de posséder et d'avoir, ont un effet destructeur et affaiblissant.

L'orientation et les buts d'une personne sont décisifs. Si cette dernière ne se trouve pas dans le rythme de la nature, si elle vit en dehors des lois de la nature, les remèdes naturels ne peuvent lui être que d'un faible secours.

Si les médecins, les chirurgiens et les naturopathes suivaient Ma Loi éternelle, alors ils pourraient vraiment être des serviteurs de l'Esprit auprès de l'humanité.

Ce monde a besoin de médecins naturopathes spirituellement éveillés, qui puisent dans la nature et se servent des plantes de la nature pour servir et aider leur prochain. Si les médecins, les chirurgiens et les naturopathes faisaient plus de place aux personnes qui vivent dans l'Esprit, les hôpitaux seraient alors plus conviviaux, les salles d'opérations plus petites, mais les salles de gymnastique et de méditation plus grandes. Il y aurait alors dans les hôpitaux des guérisseurs christiques qui guideraient les gens, Mes enfants, vers la force du Christ qui habite en eux, la force de guérison intérieure, et qui stimuleraient la force de l'Esprit en eux pour qu'elle agisse davantage.

Chacun aspire – plus ou moins, selon sa conscience – à la beauté et à un environnement convivial ; cela vient de l'âme. L'être spirituel – appelé âme lorsqu'il est chargé – est issu de la pureté et de la beauté. Il porte en lui toutes les forces harmonieuses de l'amour et de la sagesse. Le divin dans l'âme rappelle à son enveloppe humaine ce qui est parfait, la pureté et la beauté des Cieux. C'est de là que vient l'être spirituel, et c'est là qu'il retournera par Moi, le Christ. L'âme transmet ces impulsions à son enveloppe humaine qui cherche alors à se faire du bien par des choses harmonieuses et belles. C'est pourquoi personne ne devrait se mettre sous pression en pensant qu'une fois éveillé à la spiritualité, il faudrait vivre dans des grottes ou des maisons délabrées.

Beaucoup de gens pensent que celui qui s'est éveillé à la force intérieure, à la spiritualité, n'a plus besoin des choses extérieures. C'est une erreur. Il est dit : Il devrait en être à l'extérieur comme à l'intérieur. Il n'est pas ici question de luxe, mais de tout ce qui est beau, noble et naturel, dans la mesure de ce qui est possible.

Celui qui observe la Terre constate la luxuriance et la diversité à travers lesquelles le divin se manifeste, ceci par des couleurs et des formes, des minéraux, des plantes et des animaux, afin que l'être humain s'en réjouisse et élève son âme vers des sphères toujours plus belles et plus pures.

Les personnes qui vivent dans l'Esprit devraient rendre leur environnement beau et agréable sans pour autant vivre dans le luxe et l'opulence.

L'être humain vit et agit selon sa façon de penser. Il en va de même en ce qui concerne son environnement. Des couleurs, des formes et des sons harmonieux sont vitaux. Ils ont un effet positif sur l'âme et son enveloppe humaine et rendent leur vie harmonieuse. Bien des pensées négatives et obsédantes disparaissent devant un beau tableau, un beau paysage ou une pièce aménagée de façon harmonieuse.

L'harmonie est la Vie du corps humain.

Si une personne vit constamment dans la dysharmonie, elle raccourcit elle-même sa vie terrestre. Sous l'effet de la dysharmonie, les cellules de certaines parties du corps dépérissent plus rapidement. De ce fait, le nombre des nouvelles cellules qui se forment n'est pas toujours suffisant. Cela mène à des complications considérables dans l'organisme parce que les jeunes cellules doivent alors fournir un travail plus important. Il s'ensuit un affaiblissement des organes.

Des vibrations dysharmonieuses agissent également sur les gènes, le patrimoine génétique, et éveillent parfois des dispositions qui ne concourent pas au bien-être de la personne concernée et que celle-ci n'aurait éventuellement pas dû éprouver et vivre si elle avait vécu et agi selon la Loi.

Chacun est donc l'artisan de sa vie et le bâtisseur de son destin.

L'harmonie prolonge la vie terrestre. La dysharmonie la raccourcit.

C'est pourquoi il convient d'accorder une grande importance à la présence de couleurs, de formes, de sons et de parfums harmonieux, en particulier dans les cliniques.

Les personnes malades et alitées ont beaucoup de temps. Elles perçoivent leur environnement de manière beaucoup plus intense que les personnes en bonne santé qui ne passent que peu de temps dans les pièces. De plus, les personnes malades sont généralement beaucoup plus réceptives à leur environnement que les personnes en bonne santé. Elles ne font pas que percevoir les harmonies ou les dissonances, elles les absorbent profondément en elles.

L'harmonie qui s'exprime par le biais de couleurs, de formes, de parfums et de sons apporte un réconfort à l'âme. Elle la fortifie. C'est sa Vie. Elle se souvient ainsi de la patrie éternelle. Ce souvenir mobilise des forces positives, comme la joie, l'espoir et la confiance. Ce sont là les meilleurs médicaments pour l'organisme.

Le moment du décès du corps physique est déjà établi lors du premier cri du nouveau-né. Une durée de vie déterminée par la constitution de l'âme et ses charges est impartie au corps humain. Cependant, chacun décide lui-même, par sa pensée et sa vie, si son corps terrestre mourra prématurément ou s'il atteindra la limite de l'âge possible – ou s'il obtiendra même la grâce de vivre plus longtemps dans le temporel, ce qui peut éventuellement lui éviter de devoir se réincarner. Car, hors du temps et de l'espace, une dette de l'âme, qui peut être effacée sur Terre en quelques années, a souvent besoin d'un très long cycle d'acquittement pour être éliminée.

C'est pourquoi, efforce-toi de mener une vie harmonieuse. Observe ton comportement et réagis en accord avec la Loi lorsque des pensées humaines telles que la haine, l'envie, la discorde, la jalousie et des pensées relatives au passé essaient d'affecter ton âme et ton organisme.

Les gens équilibrés agissent sur leurs semblables comme les premiers rayons du soleil printanier ou comme plusieurs soleils cosmiques.

L'équilibre dont fait preuve une personne orientée sur Dieu permet également à ceux qu'elle rencontre, qui la côtoient, de retrouver un équilibre. Ce qui compte donc toujours, c'est la manière dont tu te comportes toi-même envers ton prochain, et non le comportement que tu attends de lui. Celui qui cherche l'harmonie trouvera également l'harmonie.

Le degré d'harmonie que tu rayonnes agit également sur ton prochain. Tout comme les disputes et les querelles sont contagieuses, l'harmonie se transmet elle aussi.

L'harmonie des médecins, du personnel et de l'aménagement des hôpitaux suscite espoir, confiance et paix dans l'âme et le corps de celui qui cherche à guérir.

Celui qui est parvenu à l'harmonie est progressivement guidé de l'intérieur. Il ne cherche plus de preuves – il a la preuve au fond de lui-même.

Celui qui rayonne l'harmonie de l'intérieur vers l'extérieur est proche de Moi, l'Éternel.

Ceux qui sont centrés sur ce monde, dont les sens sont orientés vers l'extérieur, cherchent constamment des preuves. Sans preuves, ils ne peuvent guère accepter quelque chose. Ils parlent et discutent durant des heures de ce qu'ils ne sont en fait pas en mesure de comprendre. Ce faisant, ils gaspillent beaucoup d'énergie vitale. Celui qui discute ainsi n'est lui-même pas convaincu de ce qu'il oppose à son prochain.

Celui qui sait vraiment est sage. Il ne discute pas, il sait. Seuls les ignorants discutent. De telles discussions minent la substance vitale de tous les participants, elles leur coûtent beaucoup d'énergie vitale.

Les gens uniquement centrés sur la matière veulent imposer leurs opinions et être reconnus pour leur savoir. Ce faisant, l'organisme se crispe de plus en plus, car lorsqu'une personne veut obtenir quelque chose de son propre chef, elle s'inflige elle-même de la violence.

De telles discussions donnent également naissance à des édifices de pensée d'une ampleur sans pareille. Ces constructions mentales épuisent à leur tour la substance vitale des gens concernés et poussent souvent une personne sensible et affaiblie nerveusement à commettre des actes de violence et d'autres excès allant jusqu'à la débauche.

Les excès en tout genre et les actes de violence qui se produisent parfois après une discussion véhémente sont le signe d'un manque d'énergie. À force de paroles inutiles, de discussions sans fin, cette personne a gaspillé beaucoup de force vitale. Le manque de force vitale engendre des crispations. Ces crispations demandent alors à être évacuées, à se détendre. Dans ce cas, une personne devient violente ou parvient à la détente par des excès de toutes sortes.

En revanche, celui qui ménage ses énergies vitales devient plus sensitif aux forces vitales supérieures.

Le chemin menant à la spiritualité, à s'ouvrir aux valeurs supérieures, a pour effet une vie équilibrée, harmonieuse et désintéressée.

Comme Je l'ai déjà révélé, les personnes qui sont en train de passer d'une orientation humaine et matérialiste à une orientation spirituelle supérieure changent également sur le plan extérieur, au niveau de leur habillement et de leur logement.

Les personnes qui vivent dans l'Esprit s'habillent de manière propre et ordonnée. Les couleurs de leurs vêtements s'accordent harmonieusement. Elles donnent la préférence à des tissus lumineux et légers, tout comme elles sont lumineuses, légères et ensoleillées intérieurement.

Il en va de même de leur appartement ou de leur maison. À ce niveau aussi, beaucoup de choses changent lorsqu'une personne s'éveille et passe d'une orientation matérialiste à une orientation spirituelle, lorsque la lumière intérieure rayonne progressivement vers l'extérieur et cherche à s'y exprimer. L'appartement ou la maison de personnes spirituelles devient plus lumineux, leurs meubles plus gracieux et plus clairs.

L'apparence d'une personne et son environnement correspondent à ce qu'elle est intérieurement.

Les vêtements et le logement d'une personne sont le reflet de ce qu'elle est intérieurement. La beauté intérieure ne s'exprime pas par du luxe, mais par des vêtements et un logement sobres dont les couleurs et les formes sont claires et lumineuses. L'être humain montre à l'extérieur ce qu'il en est à l'intérieur.

Par cette répétition, J'adresse un nouvel appel aux médecins.

Afin de rendre la vie des patients harmonieuse et de permettre une harmonie profonde de l'âme et du corps, il ne faut pas seulement prendre en compte les médicaments. Il est bien plus important de penser à l'harmonisation de l'âme.

Le médecin devrait changer sa façon de penser et, par exemple, recommander aussi à ses patients, pour soutenir leur processus de guérison, des habits clairs et lumineux avec des couleurs qui s'accordent harmonieusement. Un changement de logement ou un nouvel aménagement, de nouveaux papiers peints modifient également le moral du patient. Un changement d'environnement est également conseillé.

Un changement d'environnement est souvent décisif. En effet, un nouvel environnement éveille une manière de penser tout à fait différente, tant chez une personne en bonne santé que chez une personne malade. Si elle sort des complexes de pensées qui adhèrent aux papiers peints, aux meubles, aux vêtements et aux objets de toutes sortes, qui l'influencent et la stimulent en conséquence, un autre monde s'ouvre à elle. Éventuellement, des pensées positives s'éveillent en elle et génèrent de l'harmonie dans son âme et son corps.

Le fait d'être sans cesse confronté aux mêmes impressions, à son ancien environnement, exerce constamment une influence et rappelle le passé ou des évènements qu'il n'est souvent possible de surmonter que par un changement d'environnement ou par une transformation complète de l'environnement habituel.

Changer ou transformer son cadre de vie est souvent plus bénéfique que n'importe quel médicament ou fait en sorte que des médicaments ou des remèdes naturels puissent agir avec efficacité.

L'humanité devrait aussi être instruite sur les effets des parfums, en particulier le médecin, afin qu'il puisse également en tenir compte dans les conseils qu'il donne à ses patients.

Les parfums lourds peuvent rendre dépressives des personnes déjà sentimentales.

Les parfums ont un impact sur l'âme et son enveloppe humaine. Ils peuvent notamment perturber, voire endommager le système nerveux. C'est pourquoi les parfums artificiels ne devraient être utilisés que de manière limitée et à petite dose.

Sachez qu'une âme saine et lumineuse dégage aussi l'agréable senteur de la Vie intérieure, le parfum de l'Existence pure, parce qu'elle est devenue lumineuse et claire.

Ainsi, l'odeur du corps permet également de connaître la nature de l'âme.

Si quelqu'un apprend à penser selon les Lois, il vivra aussi selon les Lois.

La Vie dans sa globalité est mélodie et parfum. L'âme et son enveloppe humaine exhalent une odeur correspondant à leur manière de penser et à leur vie.

Toutes ces indications sont des conseils de vie pour rester en bonne santé ou retrouver la santé. Elles sont également valables pour les médecins qui portent une grande responsabilité pour l'état de santé de leurs patients.

Si les hôpitaux étaient aménagés de manière plus conviviale et n'éveillaient pas seulement des impressions de maladie, de souffrance et de dépérissement, il y aurait également beaucoup plus de personnes joyeuses et positives dans ces établissements. Ces derniers permettraient des prises de conscience et renforceraient intérieurement les patients qui, de cette manière, parviendraient à une attitude positive face à leur maladie et pourraient accepter et supporter beaucoup de choses.

Dans les cliniques de ce monde, on ne parle que de maladies et de souffrances. Il s'ensuit une atmosphère chargée de vibrations rayonnant la maladie, la peur et des soucis. Ces vibrations adhèrent aux objets, aux lits, aux chaises, aux armoires et aux appareils. Toutes les pièces, y compris les salles d'opération, en sont infectées. Le bâtiment et ses alentours rayonnent les pensées, les paroles et les actes qui ont lieu dans ces pièces.

La peur de la mort attire également des dangers. Elle peut, par exemple, rendre un chirurgien nerveux et l'amener à prendre de mauvaises décisions ou à commettre des erreurs lors d'une opération, ce qui peut entraîner le décès d'un patient.

Aucune force positive et constructive ne peut être développée dans une clinique si les médecins et les infirmiers et infirmières n'ont pas un rayonnement énergétique constructif et motivant, si les patients ne sont pour eux qu'un objet ou si ceux-ci sont même prisonniers des conceptions, instructions et habitudes des soignants.

S'il n'y a pas de fraternité entre le médecin et le patient, il ne peut pas non plus y avoir de communication intérieure. L'« être humain objet » dit « oui » au médecin, une figure qui impose le respect, et nourrit en silence, dans la peur et l'inquiétude, des pensées sur un éventuel décès.

Pour beaucoup, ce qu'on appelle la mort est entourée de mystère, car peu de gens ont vécu consciemment et se sont posé la question du sens de leur vie. Rares sont ceux qui durant leur vie se préoccupent de leur mort, de savoir d'où ils viennent et où ils vont. Celui qui s'est confronté sérieusement à cette question en vivant jour après jour de manière à pouvoir passer dans l'au-delà à tout moment mobilisera, même dans les moments critiques – par exemple, lors d'une maladie –, son âme et tout son corps, tant et si bien que le médecin en sera stimulé et prendra la bonne décision. Dans de nombreux cas, ce sont donc le médecin et le patient qui décident si la maladie se termine par la mort physique ou par la poursuite de la vie sur Terre.

Si les cliniques et les hôpitaux ne dégagent que souffrance, peur, dépérissement et crainte de la mort, aucune force positive ne peut y pénétrer – et donc y agir.

Les cliniques et les hôpitaux devraient justement dégager une atmosphère positive qui apaise, édifie et fortifie les personnes en quête de guérison. Mais comme beaucoup de cliniques et d'hôpitaux manquent de médecins, d'infirmiers et d'aides-soignants ayant des connaissances spirituelles, ces établissements sont souvent des lieux effrayants.

Si les médecins et le personnel pensaient, vivaient et agissaient de manière spirituelle, des remèdes naturels qui stimulent le corps à s'autoguérir par l'Esprit seraient suffisants dans de nombreux cas. Donc, il serait souvent possible d'éviter une intervention, une opération.

Je voudrais encore une fois attirer l'attention sur les exercices corporels au sujet desquels je me suis déjà révélé : Des exercices corporels harmonieux accompagnés d'une musique harmonieuse appropriée ont un effet très bénéfique sur la santé.

Une musique harmonieuse associée à des exercices corporels et surtout à une façon de penser positive incite les amas cellulaires à accepter une plus grande quantité de forces vitales, à s'activer et à stabiliser le corps. Cela stimule également les quantas dans la structure atomique de l'être humain et a pour effet, comme déjà révélé, que ce dernier reçoit à travers Moi, le Médecin et Guérisseur intérieur, davantage de force spirituelle.

Agir harmonieusement sur l'âme et son enveloppe humaine, dans le respect des Lois, élève la vibration des cellules et des muscles. Cela entraîne aussi la normalisation et la stabilisation de la circulation sanguine dans le corps. L'âme et le corps accèdent ainsi à un rythme corporel élevé, à une vibration supérieure.

Si l'âme et le corps d'une personne sont en harmonie, cette dernière est alors réceptive aux conseils spirituels de vie et aux forces spirituelles de guérison et de Vie.

Si, par ces méthodes simples, l'âme et le corps étaient mis en condition pour recevoir les forces spirituelles qui sont en l'être humain, alors le patient pourrait dans bien des cas avoir une attitude positive vis-à-vis de sa maladie et de son environnement.

Grâce à ces aides simples, une personne désespérée peut éventuellement retrouver son équilibre psychique et physique et parvenir à l'harmonie avec son environnement. Les pensées de maladie et de souffrance sont alors remplacées par la confiance, l'espoir, la gratitude et la volonté de retrouver la santé. Cela constitue la bonne motivation pour la structure cellulaire – la société des cellules – qui s'active alors grâce à Ma force éternelle et est prête à recevoir Mes courants de guérison.

Dans de nombreux hôpitaux, il manque également des conférences informatives sur la force de la pensée positive ainsi que des ouvrages correspondants.

La force des pensées est multiforme. Celui qui sait utiliser correctement ses pensées devient créatif, sensible, en bonne santé et heureux.

Comme déjà révélé, les pensées positives, élevées et nobles constituent le meilleur médicament. Si l'on mettait le corps en condition grâce à une musique harmonieuse appropriée et des exercices corporels ciblés, beaucoup de patients pourraient éviter de nombreux désagréments.

De par sa nature, le corps physique est fait pour bouger et a également besoin, à des fins thérapeutiques, de faire des mouvements à l'air libre ou dans des pièces harmonieusement aménagées, car les couleurs, les formes et les sons agissent ensemble sur l'âme et son enveloppe humaine.

Les personnes gravement malades devraient faire l'objet d'une attention et de soins particuliers. Beaucoup de gens souffrent du fardeau d'une dette de l'âme qui se répercute sur le corps. Ils ont tout particulièrement besoin d'attention et d'aide.

Lorsqu'une dette s'écoule de l'âme, ce n'est pas seulement l'être humain, le corps, qui souffre, mais aussi l'âme affaiblie et pauvre en énergie à ce moment-là. Plus ce patient reçoit d'attention désintéressée de la part de son prochain et plus un être cher participe à sa vie, plus l'existence de celui qui cherche aide et guérison reprend un sens. Ce dévouement désintéressé est également accueilli avec reconnaissance par l'âme qui souffre.

Il est conseillé tant au personnel des cliniques qu'aux membres des familles concernées d'inclure les grands malades dans le déroulement des activités quotidiennes. Il serait bon de confier aux malades, y compris aux grands malades, des tâches plus ou moins importantes, en fonction de l'intensité de leur souffrance physique. De cette manière, ils sentent qu'on a encore besoin d'eux.

Les personnes gravement malades devraient également pouvoir bénéficier des forces régénératrices apportées par une musique harmonisante et des exercices corporels harmonieux. Si des patients gravement malades sont alités, ils peuvent néanmoins être transportés dans des salles de musique et de gymnastique agréables qui devraient également servir de salles de méditation. Ils peuvent ainsi participer aux exercices corporels des autres patients. En effet, leurs sens de la vue et de l'ouïe perçoivent les mouvements et les sons harmonieux. Les sons harmonieux sont absorbés positivement par l'ensemble de l'organisme de l'être humain, par les muscles et les cellules qui réagissent automatiquement aux sons harmonieux, lesquels déclenchent des vibrations dans les muscles et dans les cellules. Ces vibrations harmonieuses constituent pour ainsi dire un massage interne qui détend les nerfs et les organes et active les forces positives chez l'être humain ; il peut en résulter de l'espoir, de la confiance et des pensées de santé.

L'âme, pauvre en énergie, absorbe elle aussi avec reconnaissance les vibrations des sons harmonieux et des mouvements du corps – ou même seulement celles des muscles. Les vibrations de la musique et les mouvements des autres patients ont pour effet que la structure atomique de l'âme et du corps du grand malade accède elle aussi à une vibration supérieure. Cela entraîne aussi chez lui un équilibre psychique et physique.

Dans de nombreuses cliniques, les grands malades ne font que somnoler. On leur administre des médicaments analgésiques et calmants. Souvent, de telles personnes ne sont plus que les cobayes de ceux qui considèrent le corps physique comme l'essentiel et ne savent rien ou presque de l'âme qui enregistre tout. Ces derniers causent souvent des souffrances inimaginables au corps spirituel, à l'âme.

Il est encore une fois vivement recommandé à tous les médecins et spécialistes concernés de prêter davantage attention à l'âme, la vectrice de l'énergie vitale. Si l'âme guérit, le corps aussi. Si l'âme est en bonne santé, le corps l'est aussi.

J'en appelle à nouveau au corps médical :

Considérez le patient comme une partie de vous-mêmes ! Ne faites pas à votre prochain ce que vous ne voulez pas qu'on vous fasse.

Les pensées sont des forces inimaginables.

Les forces positives et harmonieuses élèvent l'humeur et stimulent les forces de guérison.

Les forces positives apportent du réconfort aux personnes sans espoir. Elles donnent du courage à ceux qui souffrent. Elles donnent à ceux qui n'ont pas de joie la force de se réjouir à nouveau.

Aimez vos semblables et aidez-les, alors vous serez à votre tour aimés. Car le désintéressement, le bien et la beauté qui émanent de vous reviennent vers vous de multiples façons.

Que les hôpitaux deviennent des maisons de santé ! Alors, le monde deviendra plus lumineux et les êtres humains développeront une relation les uns aux autres empreinte de gratitude et de joie envers Dieu, la Vie, la force de guérison.

Lorsqu'un convalescent retourne dans son cadre de vie personnel, dans sa famille et sur son lieu de travail, et qu'il retrouve ses vieilles habitudes et ses anciens problèmes, il n'est pas toujours en mesure d'y faire face correctement. Le risque de rechute est alors bien réel. Dans ces situations, le convalescent devrait être assisté d'un conseiller de vie, avec lequel il peut s'entretenir des difficultés qui réapparaissent.

En vérité, Je vous le dis, à vous tous, les médecins, le personnel soignant en général, les scientifiques, les théologiens et aussi les malades : celui qui applique les méthodes données par l'Esprit de la bonne manière obtiendra non seulement de grands succès mais rendra aussi un grand service à l'humanité.

470

Des personnes qui vivent en Moi, l'Esprit, peuvent accomplir de grandes choses pour l'humanité qui souffre.

Le monde a besoin du Christ et de personnes qui pensent et vivent vraiment de manière chrétienne.

La loi sur le niveau de l'ordre est : Demandez, et vous recevrez ! Cherchez, et vous trouverez ! Frappez, et on vous ouvrira la porte ! Cela vaut pour tous, pour les médecins, les scientifiques, les théologiens – et aussi pour tous ceux qui cherchent la guérison.

Seules des personnes qui se sont spiritualisées, qui connaissent les Lois de la Vie par leur propre expérience et pas uniquement par des livres et des conférences, peuvent aider leurs prochains à trouver le chemin de la paix intérieure, le calme et un soutien. Il faut des personnes qui aident et servent depuis leur for intérieur, entièrement selon les Lois de la Vie. Celui qui peut puiser dans une riche expérience de lui-même, qui en mettant en pratique les Lois saintes a expérimenté celles-ci en lui-même et sur lui-même, celui-là est un véritable serviteur et assistant de l'humanité.

Demandez, et vous recevrez ! Cherchez, et vous trouverez !

Il y a des personnes qui connaissent les Lois de la Vie pas seulement pour les avoir lues dans des livres ; elles ne possèdent pas seulement des connaissances livresques, mais elles vivent dans l'accomplissement de la Loi. Ce sont elles qui pourraient aider les médecins, les théologiens et les scientifiques, afin que ce monde devienne plus lumineux – y compris dans les hôpitaux.

En cette période de grands bouleversements, où les forces cosmiques affluent de manière accrue dans ce monde, Moi, l'Esprit éternel, le Christ, J'offre une nouvelle fois Mon service. Celui qui frappe à la porte, recevra.

Que celui qui, par véritable altruisme, veut aider son prochain, œuvre avec Moi, le Christ, et avec tous ceux qui se tiennent dans Mon sillage, qui accomplissent les Lois de l'amour et de la paix. Heureux celui qui peut le comprendre en cette époque de bouleversement cosmique ! Que celui qui a des oreilles pour entendre entende !

Que celui qui a un cœur pour ses semblables l'ouvre grand pour servir son prochain de manière désintéressée !

Le savoir intellectuel rend aveugle à la vérité. Que celui qui veut trouver la Vérité et puiser dans la Vérité agisse de manière désintéressée, sans se demander ce qu'il en retire, s'il peut gagner en prestige ou obtenir de l'argent et des biens.

Ô sois zélé dans l'Esprit ! Alors tu peux vraiment changer et améliorer le monde. Car Je veux être avec toi.

Pardonne, afin de recevoir toi aussi le pardon !

Dieu ne peut t'accorder le pardon que si tu demandes pardon et que ton prochain t'a pardonné. Ce n'est pas seulement la connaissance de cette Loi qui est essentielle ; pour libérer ton âme et ta pensée, la connaissance doit être suivie de sa mise en pratique. Celui qui ne pardonne pas et qui n'obtient pas le pardon ne peut pas retourner à la Maison du Père.

Si tu demandes pardon et que ton prochain ne te pardonne pas, tu ne peux pas non plus atteindre la perfection. Par conséquent, fais attention à tes pensées, à tes paroles et à tes actes. Chaque pensée, chaque parole et aussi chaque acte te libèrent ou te lient à ce que tu condamnes ou à ce que tu veux garder, retenir, que ce soit des personnes ou des choses.

C'est pourquoi, fais attention à tes pensées, tes paroles et tes actes. Ils peuvent contribuer à ton bonheur ou à ton malheur. Si le monde avait compris, reconnu et appliqué le sens de cette affirmation « Pardonne, afin de pouvoir, toi aussi, recevoir le pardon », alors l'humanité ne serait pas au bord du gouffre de l'intolérance, de l'ignorance et de la destruction.

Mes propos expliquent la loi de cause à effet et, par conséquent, l'enseignement de la réincarnation.

L'âme de celui qui ne se repent pas, ne demande pas pardon et ne pardonne pas, qui continue de juger, de condamner et de nuire à son prochain de multiples façons, se réincarnera selon la loi de cause à effet, la loi des semailles et des récoltes.

Les interactions dans la vie terrestre qui conduisent à de nouvelles charges dans l'âme sont multiples. Souvent, des pensées négatives insignifiantes sont renforcées par d'autres pensées similaires, créant ainsi un champ de pensées négatif que j'appelle aussi une correspondance. Ce champ de pensées, appelé complexe de pensées ou correspondance, est absorbé par l'âme qui est magnétique et constitue dans les particules de l'âme – par la modification des cinq types d'atomes spirituels – la dette de l'âme. Le complexe de pensées, la correspondance, entoure alors le noyau central de l'âme ; plus ce dernier est entouré de correspondances, de complexes constituant la dette de l'âme, plus son intensité, sa force de rayonnement, diminue.

Par des mots, il est impossible d'exposer en détail les multiples causes qui conduisent à une dette de l'âme, à un complexe de pensées absorbé par l'âme magnétique. La loi de cause à effet est la loi du karma, c'est la justice de Dieu. Seules les personnes sensitives, orientées sur Dieu, ressentent et connaissent la signification de la loi des semailles et des récoltes. Elles la saisissent dans leur âme.

Souvent, une pensée négative insignifiante peut être la cause d'un coup du destin qui a un impact sur une personne tout au long de sa vie terrestre et même au-delà, sur son âme dans les aires de purification. Si cette pensée insignifiante est renforcée par des pensées identiques ou semblables, il en résulte alors un complexe de pensées qui peut agir sur l'humeur de cette personne ainsi que sur ses fonctions corporelles. Une seule pensée négative peut alors être la cible qui permet que d'autres aspects négatifs soient éventuellement stimulés par des champs d'énergie extérieurs ou par des âmes. De même que des pensées négatives peuvent être renforcées par des forces négatives, des pensées nobles et pures sont stimulées par le rayonnement de forces élevées, par des êtres spirituels et par la force éternelle, Dieu.

Celui qui dans sa vie sème des pensées et des paroles nobles et qui fait le bien, crée des idéaux et des valeurs élevés pour son avenir. Celui qui, en plus, a appris à tout accepter avec reconnaissance, qu'il s'agisse de joies ou de souffrances, purifie véritablement son âme et la prépare pour la patrie éternelle.

Que ce soit dans le royaume de matière subtile ou dans l'existence matérielle, il n'y a pas de hasard. Tout est bien ordonné par le Dieu Créateur. Donc, ce que l'être humain sème en sentiments, pensées, paroles et actes, il le récoltera. Cela découle de la loi de cause à effet.

Dieu est un Dieu d'ordre, même si celui qui est orienté sur ce monde ne veut pas voir et accepter les liens et les interactions cosmiques.

Le chemin menant à la Maison du Père est le sentier de la mise en pratique des Lois divines :

Ce n'est pas en se contentant d'écouter la Parole qu'il est possible de parvenir à l'Origine de la Source. L'écoute et la lecture de la Parole de Dieu – qu'elle soit issue de la Bible ou de sources spirituelles totalement pures, s'écoulant de la Vérité – ne purifient pas l'âme et ne la font pas redevenir à l'image du Père. Seule la Loi vécue, la Vérité vécue, rend libre.

Celui qui a élargi sa conscience et l'a élevée au-dessus des quatre plans de purification ne demandera, ne cherchera et ne frappera plus ; il a trouvé : La plénitude de Dieu lui est révélée.

C'est pourquoi, vis dans l'instant présent. La Loi ne connaît ni passé ni futur. Tout s'accomplit dans l'instant présent, car seul le présent existe. Dieu n'est pas éphémère. Dieu est éternel. Dieu est la Vie. Que tu sois en esprit ou incarné, tout est Vie.

Deviens libre de toi-même ! Pardonne ! Lâche ce qui te préoccupe ! Élève tes pensées, tes sensations et ton vouloir jusqu'à Dieu ! Et accomplis Sa volonté. Alors ton âme s'élèvera et tu contempleras en toi la Vérité qui t'a rendu libre.

Sache que là où est ton trésor, là est ton cœur. C'est là que sera un jour ton âme.

Par exemple, l'âme d'un ancien homme d'affaires prospère qui avait acquis beaucoup d'argent et de biens, qui s'en était enorgueilli et en avait fait étalage, qui considérait son succès et ses biens comme le résultat de ses propres efforts, se retrouvera après la mort du corps à nouveau là où son cœur était accroché et reste accroché.

Ou encore, une mère de famille qui ne se sentait pas seulement très unie à sa famille, mais qui s'était littéralement liée à ses membres et qui considérait sa petite parcelle comme sa propriété se retrouvera en tant qu'âme là où son cœur est resté accroché.

Un autre exemple : Deux personnes ont acquis ensemble un terrain et rencontrent ensuite des difficultés. Elles se livrent à une lutte acharnée, car chacune revendique ses droits. S'il n'y a pas eu de réconciliation avant que l'une des deux âmes en conflit ne quitte son corps terrestre, elle se retrouvera, après la désincarnation, là où se trouvaient tout son cœur, toutes ses pensées et préoccupations. Là, elle continuera éventuellement en tant qu'âme à argumenter, à se disputer, et à travailler et agir comme elle le faisait auparavant en habit terrestre. Elle peut éventuellement vivre longtemps dans cette réalité illusoire, jusqu'à ce qu'elle se réveille et prenne conscience de son schéma de pensée.

Je n'ai extrait que quelques gouttes de l'océan des interactions karmiques et les ai brièvement révélées.

480

Les personnes qui vivent dans l'Esprit ne regardent pas le passé avec anxiété et n'assurent pas non plus leur avenir avec crainte. Elles vivent dans le présent et perçoivent les possibilités qui leur sont offertes *maintenant* par Moi, le Christ.

Afin de pouvoir se libérer de beaucoup de choses dans sa vie actuelle, pour démêler ainsi les ramifications karmiques de sa vie et ordonner sa vie intérieure, il est nécessaire de faire une bonne planification. Les personnes qui vivent dans l'Esprit planifient les choses, mais elles ne se contraignent pas, ni ne contraignent leur prochain, à réaliser ce que seule la Loi peut réaliser. Ceux qui vivent dans la mise en pratique de la Loi peuvent être sûrs que la Loi de l'amour s'accomplit en eux et autour d'eux. Ils sont à même de lâcher prise et de planifier l'avenir en accord avec la Loi.

Les conceptions d'une personne constituent le lien qui, après le décès du corps, attire à nouveau l'âme là où elle jouissait autrefois, en tant qu'être humain, de ses passions et de ses plaisirs :

Si tu restes un buveur jusqu'à la fin de ta vie terrestre, ton âme se retrouvera à nouveau parmi les buveurs. L'âme d'un goinfre se sentira chez elle là où il y a de la nourriture et des aliments de luxe en excès. Elle sera attirée par des lieux où des gens focalisent leur attention sur les jouissances culinaires et autres choses similaires.

L'âme d'un toxicomane se retrouvera un jour là où vivent des personnes semblables, là où l'on peut se procurer ces substances. Celui qui s'adonne aux convoitises et aux passions se retrouvera un jour, en tant qu'âme, parmi ceux qui pensent et vivent de la même manière.

L'âme d'un meurtrier se retrouvera un jour sur le lieu du crime où adhèrent et rayonnent les vibrations encore non expiées de la souffrance et de la douleur de sa victime.

L'âme d'une personne qui a un jour choisi de se suicider continuera à vivre et à agir au même endroit qu'auparavant en tant qu'être humain, ceci jusqu'au jour où son corps aurait connu une mort physique naturelle, déterminée par la loi de cause à effet.

Dieu, la Loi éternelle de l'amour, émet inlassablement et donne à l'âme et à son enveloppe humaine les impulsions nécessaires pour s'éveiller et s'aligner sur Sa conscience sainte.

Heureux celui qui s'est orienté sur l'émetteur suprême, Dieu ! Dieu peut alors l'exhorter et le rappeler à l'ordre, et il comprendra que c'est le Père aimant qui exhorte Son enfant à changer de cap et à se tourner vers l'intérieur.

Ce que Je révèle peut servir de guide à toutes les personnes de bonne volonté.

Une âme éveillée et mûre reconnaît, approuve et met en pratique ce qui est révélé.

Ma Parole n'est pas coercitive, elle éclaire, exhorte et guide.

Celui qui veut reconnaître et éprouver en lui-même la Vérité, la Loi de la Vie, comme étant la vérité, doit tout d'abord parvenir à la Vérité.

Puisse Ma révélation donner à Mes enfants humains un profond aperçu de la Loi éternelle omniprésente qui ne peut être perçue et comprise en détail que par celui qui est parvenu à la

Vérité, qui ne se limite pas seulement à la perception des mots, mais qui en saisit le sens.

Prendre soi-même connaissance de toutes choses n'est possible que dans l'introspection authentique et profonde – et non dans les mots. Les mots ne sont que des symboles. Celui qui ne sait pas voir le sens de la Parole derrière le miroir des mots se demandera toujours si ce que J'ai révélé correspond à la vérité. Il ne reconnaîtra pas ces grandes connaissances parce qu'il ne se connaît pas lui-même.

La Vérité est en toi. La Parole ne fait que montrer le chemin.

Prends conscience de cela et parviens à la vérité intérieure. Alors tu Me trouves Moi, ton Rédempteur, l'Inspirateur de la vérité éternelle. Car Je suis le Chemin, la Vérité et la Vie.

Celui qui est devenu Vérité entend Ma voix.

Je suis la Vérité en toute existence.

Je vis consciemment à travers celui qui vit en Moi. Il est devenu un avec Moi. Il puise dans la plénitude et contemple la plénitude en tant que fils ou fille conscient des Cieux.

Amen

Dieu guérit

Beaucoup connaissent l'existence de la force de guérison qui fortifie l'âme et le corps et stimule la santé, de sorte que le processus de guérison peut se faire de l'intérieur vers l'extérieur. Mais comment accéder à ces forces divines en nous ?

Gabriele donne dans ce livre une multitude d'indications et de conseils à ce sujet, notamment un exercice pratique de pensée positive qui nous permet de constater par nous-mêmes à quel point les forces positives peuvent agir rapidement et directement. Elle décrit comment se libérer de pensées négatives et ce qui est important lorsque l'on prie. Elle explique aussi la position correcte du corps pour se préparer à recevoir les forces de guérison et comment nous pouvons nous-mêmes nous adresser individuellement à nos organes. Gabriele indique également ce que chacun peut faire afin d'établir une bonne coopération avec le médecin. Et bien d'autres choses encore.

Quelques thèmes : Comment nous ouvrir à la source de la force curative ? • L'ère de l'atome • L'ère du Verseau • L'influx des forces cosmiques • Le monde à la dérive • Où trouver un soutien réel ? • Rien ne se perd • Nous récoltons ce que nous semons • Des pensées positives élèvent l'âme et le corps à un champ vibratoire supérieur • Maîtriser ses pensées, c'est maîtriser sa vie • Une confiance sereine produit la guérison, le doute engendre le contraire

96 pages (couverture souple) • N° ISBN 978-3-89201-808-7
Également disponible en e-book : www.editions-gabriele.com

Espoir et confiance

L'espoir et la confiance sont des forces positives. Ce petit livre contient de précieux conseils de Gabriele à ce sujet. Il nous aide à faire face à toute situation ou humeur de façon optimiste et à développer de plus en plus l'espoir et la confiance, avec l'aide de Dieu en nous !

Extrait : « Pensons plus souvent à Dieu, notre Père, et imaginons concrètement qu'Il nous aime, qu'Il nous enveloppe, qu'Il veut le meilleur pour nous. »

102 pages (petit format avec couverture souple)
N° ISBN 978-3-96446-287-9

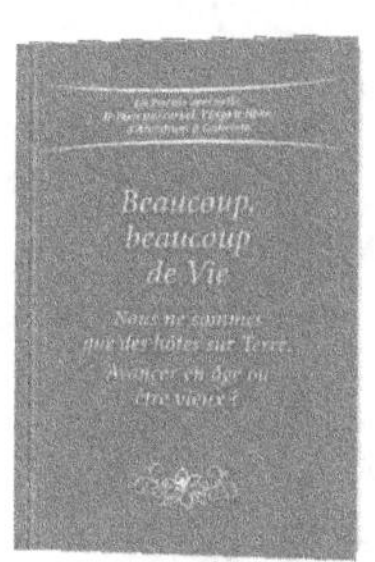

Beaucoup, beaucoup de Vie

**Nous ne sommes
que des hôtes sur Terre.
Avancer en âge ou devenir vieux ?**

Celui qui lit attentivement ce livre comprendra que ce ne sont pas les années qui comptent mais l'attitude face à la vie ! Gabriele nous donne une foule d'indications très concrètes pour rester jeunes de l'intérieur ou le redevenir, en nous rapprochant de notre origine divine qui est jeunesse éternelle.

Quelques thèmes : Les peurs et le spectre de la « solitude » • Celui qui accepte son âge reste jeune • Vivre consciemment signifie apprendre consciemment • Prendre soin de soi lorsque l'on avance en âge • Tirer de chaque erreur des prises de conscience plus profondes • L'Esprit, c'est la Vie !

112 pages (couverture souple) • N° ISBN 978-3-96446-274-9

**N'hésitez pas à demander notre catalogue complet ainsi que
des extraits gratuits de livres auprès de notre diffuseur en France :**

Diffusion des Éditions Gabriele
BP 50021 · 13376 Marseille 12 · France
Boutique en ligne : www.editions-gabriele.com

Boutique internationale : www.gabriele-publishing.com

Gabriele-Verlag Das Wort
Max-Braun-Str. 2 · 97828 Marktheidenfeld · Allemagne

9 783964 463630